财政部规划教材
全国高等院校财经类专业规划教材

商业银行合规与风控管理

贾德铮　黄　燕　主编

中国财经出版传媒集团
中国财政经济出版社

图书在版编目（CIP）数据

商业银行合规与风控管理／贾德铮，黄燕主编．--
北京：中国财政经济出版社，2020.12
ISBN 978-7-5223-0141-9

Ⅰ.①商… Ⅱ.①贾… ②黄… Ⅲ.①商业银行法-
研究-中国 Ⅳ.①D922.281.4

中国版本图书馆 CIP 数据核字（2020）第 212650 号

责任编辑：马　真　　　　责任印制：党　辉
封面设计：育林华夏　　　　责任校对：徐艳丽

商业银行合规与风控管理
SHANGYE YINHANG HEGUI YU FENGKONG GUANLI

中国财政经济出版社 出版
URL：http：//www.cfeph.cn
E-mail：cfeph@cfeph.cn

社址：北京市海淀区阜成路甲 28 号　邮政编码：100142
营销中心电话：010-88191522
天猫网店：中国财政经济出版社旗舰店
网址：https：//zgczjjcbs.tmall.com
北京密兴印刷有限公司印刷　各地新华书店经销
成品尺寸：185mm×260mm　16 开　14.25 印张　270 000 字
2021 年 1 月第 1 版　2021 年 1 月北京第 1 次印刷
定价：58.00 元
ISBN 978-7-5223-0141-9
（图书出现印装问题，本社负责调换，电话：010-88190548）
本社质量投诉电话：010-88190744

前言
Preface

近些年，中国监管部门对金融行业的监管日趋严格，以防范系统性金融风险、金融服务实体经济为基本要求，朝着金融监管全面化、具体化、科学化和国际化的方向不断推进，着力解决当前重大金融矛盾问题，在方式、方法上积极接轨全球金融监管体系，强监管时代已经到来。

商业银行作为我国金融机构体系的核心组成部分，成为金融监管的重点邻域，更是中国金融监管与国际监管体系接轨的关键节点。目前我国对商业银行的监管已经涵盖商业银行的业务运营、交易机制、条线管理、内部控制、注册变更、人事任免、反洗钱、消费者保护、全面风险管理等方方面面。此外，随着时代的进步、监管技术的不断变革以及内外部经济金融环境的不断变化，对商业银行监管的各项政策和措施也在不断改进、更新。

本书的主要工作是对中国银行保险监督管理委员会出台的针对商业银行合规与风险管理的政策法规进行整理和归纳，这些政策法规大多在最近20年间出台并持续更新，它们逐步构建起中国金融监管体系的框架和基本思路。这些监管政策法规主要涉及商业银行内部控制与合规管理体系的构建，信用风险、流动性风险、市场风险、操作风险等巴塞尔协议中要求严格执行的风险控制和资本计量方式方法，也包括内外部审计合规、外包风险控制，授权风险管理等相关内容。

完成本书需要巨大的工作量，这主要是由于涉及中国商业银行监管的政策法规数量众多，且不同政策法规的内容之间又有重叠交叉，千头万绪。把不同的合规与风险管理内容分门别类，并整理归纳出来需要阅读大量的法规资料，而想要完整、全面、透彻地理解这些资料往往又需要资料整理人具有一定银行专业知识和金融素养。本书从计划到框架设计，再到初稿编撰完成，并最终定稿一共耗时10个月，由上海立信会计金融学院的贾德铮老师和黄燕老师共同编写完成，期间无数次讨论和修改，经历过无数个不眠之夜。此外，本书完成离不开高冬来、陈姝玥、王君倩、宋楠、卢帆、吴峰、金书行等几位立信学生的辛勤奉献，几位同学花了大量的时间和精力整理分类银保监会的政策法规。在师生的共同努力下，经过长达三个月的资料搜集工作和整理工作，并借鉴以往对商业银行合规管理的分析构架，终于确定本书的框架，之后又进行了几个月的资料搜集和更新工作，整理了数十份法律法规，最终敲定本书的主要内容。在这个过程中黄老师和诸位同学不辞劳苦，有求必应，令我深受感动，表现出了立信师生强大的工作能力和巨大的科研热情。

本书一共由15章内容构成，基本涵盖当前银保监会对商业银行的内部控制要求，合规风险管理要求，全面风险管理要求以及各种具体风险管理的要求，但是并未涉及银保监会对商业银行的资产业务和负债业务要求，这也对应了本书的题目。此外，从理论和实践上看，商业银行反洗钱监管应该是商业银行合规和风险管理的组成部分之一，但是本书并未涉及该部分内容，这主要是因为该部分内容将会被单独出版。

作　者

2020年11月

目录
Contents

第一章　内部控制管理

第一节

内部控制的定义、目标与原则

一、商业银行内部控制的定义

（一）COSO 委员会对内部控制的定义

1992 年 9 月，美国反对虚假财务报告委员会的发起组织委员会（The Committee of Sponsoring Organizations of the Treadway Commission，COSO）发布了著名的《内部控制——整合框架》，并于 1994 年进行了局部修订，在文中，其将内部控制定义为：内部控制是由董事会、管理层和其他员工实施的，旨在为经营的有效性和效率、财务报告的可靠性、法律法规的遵循性等目标的实现提供合理保证的过程。从这一定义来看，内部控制的目标主要包括以下三类：第一类目标针对企业的基本业务目标，包括业绩和盈利目标以及资源的安全性。第二类目标关于编制可靠的公开发布的财务报表，包括中期和简要的财务报表以及从这些公开发布的报表中精选的财务数据，例如，业绩公告。第三类目标涉及对于企业所适用的法律及法规的遵循。为实现上述目标，企业应当建立起包括控制环境（Control Environment）、风险评估（Risk Assessment）、控制活动（Control Activities）、信息与沟通（Information and Communication）、监控（Monitoring）五个要素的内部控制体系。

（二）巴塞尔委员会对内部控制的定义

巴塞尔委员会在《银行机构的内部控制制度框架》中对内部控制的定义与COSO委员会保持了一致，指出内部控制是一个需要董事会、高级管理部门和各级工作人员共同努力才能实现的过程，并将内部控制过程的主要目标概括为三个方面：效率与效益，财务与管理信息的可靠性、完整性和及时性，遵守法律及管理条例的情况。

同时《银行机构的内部控制制度框架》指出内部控制包括五大相互联系的因素：管理性监管与内部控制文化、风险认定与评估、控制措施与职责分工、信息与交流、监督行为与修正缺陷。

（三）国务院银行业监督管理机构对内部控制的定义

2014年，银监会发布了修订后的《商业银行内部控制指引》，将内部控制定义为商业银行董事会、监事会、高级管理层和全体员工参与的，通过制定和实施系统化的制度、流程和方法，实现控制目标的动态过程和机制。

二、商业银行内部控制的目标

（一）保证国家有关法律法规及规章的贯彻执行

这一目标强调了商业银行内部控制管理对法律法规的遵循性，即确保国家法律规定和商业银行内部规章制度的贯彻执行，因为依法经营是防范金融风险的前提和基本保障，而执行内部规章制度则是规范操作、统一管理的有效保证。

（二）保证商业银行发展战略和经营目标的实现

这一目标强调了商业银行内部控制管理应确保经营活动的效率和效果，即确保商业银行发展战略和经营目标的全面实施和充分实现。任何理智且有远见的商业银行都会根据自身情况和市场条件制定相应的发展战略和经营目标。内部控制的目标之一，就是要保证它们的全面实施和充分实现，否则就难以在激烈的竞争中生存和发展。

（三）保证商业银行风险管理的有效性

这一目标强调了商业银行内部控制管理应确保风险的可控性，即确保风险管理体系的有效性。对商业银行而言，风险既预示着机遇，也影响其竞争能力，并影响其维持融资的能力及保持和提高其服务水平的能力。就目前而言，我国商业银行的风险管理还是一个薄弱环节，因此内部控制应当确保风险管理体系的有效建立及正常运行。

（四）保证商业银行业务记录、会计信息、财务信息和其他管理信息的真实、准确、完整和及时

这一目标强调了商业银行内部控制管理应确保信息的可靠性，即确保业务记录、财务信息和其他管理信息的及时、真实和完整。这是商业银行正确掌握和评价其经营管理效果的前提，也是按照有关法律规定进行有效信息披露的基础，因此也是内部控制的重要目标。

三、商业银行内部控制的原则

（一）全覆盖原则

商业银行内部控制应当贯穿决策、执行和监督全过程覆盖各项业务流程和管理活动，覆盖所有的部门、岗位和人员。

（二）制衡性原则

商业银行内部控制应当在治理结构、机构设置及权责分配、业务流程等方面形成相互制约、相互监督的机制。

（三）审慎性原则

商业银行内部控制应当坚持风险为本、审慎经营的理念，设立机构或开办业务均应坚持内控优先。

（四）相匹配原则

商业银行内部控制应当与管理模式、业务规模、产品复杂程度、风险状况等相适应，并根据情况变化及时进行调整。

根据上述原则，商业银行应当建立健全内部控制体系，明确内部控制职责，完善内部控制措施，强化内部控制保障，持续开展内部控制评价和监督。内部控制应当渗透商业银行的各项业务过程和各个操作环节，覆盖所有的部门和岗位，并由全体人员参与，任何决策或操作均应当有案可查。内部控制应当以防范风险、审慎经营为出发点，商业银行的经营管理，尤其是设立新的机构或开办新的业务，均应当体现“内控优先”的要求。内部控制应当具有高度的权威性，任何人不得拥有不受内部控制约束的权力。内部控制存在的问题应当能够得到及时反馈和纠正。内部控制的监督、评价部门应当独立于内部控制的建设、执行部门，并有直接向董事会、监事会和高级管理层报告的渠道。

第二节

内部控制管理的要素

一、商业银行的内部控制环境

（一）内部控制的治理和组织架构

商业银行应当建立由董事会、监事会、高级管理层、内控管理职能部门、内部审计部门、业务部门组成的分工合理、职责明确、报告关系清晰的内部控制治理和组织架构。

董事会负责保证商业银行建立并实施充分有效的内部控制体系，保证商业银行在法律和政策框架内审慎经营；负责明确设定可接受的风险水平，保证高级管理层采取必要的风险控制措施；负责监督高级管理层对内部控制体系的充分性与有效性进行监测和评估。

监事会负责监督董事会、高级管理层完善内部控制体系；负责监督董事会、高级管理层及其成员履行内部控制职责。

高级管理层负责执行董事会决策；负责根据董事会确定的可接受的风险水平，制定系统化的制度、流程和方法，采取相应的风险控制措施；负责建立和完善内部组织机构，保证内部控制的各项职责得到有效履行；负责组织对内部控制体系的充分性与有效性进行监测和评估。

商业银行应当指定专门部门作为内控管理职能部门，牵头内部控制体系的统筹规划、组织落实和检查评估。

商业银行内部审计部门履行内部控制的监督职能，负责对商业银行内部控制的充分性和有效性进行审计，及时报告审计发现的问题，并监督整改。

商业银行的业务部门（指除内部审计部门和内控管理职能部门外的其他部门）负责参与制定与自身职责相关的业务制度和操作流程；负责严格执行相关制度规定；负责组织开展监督检查；负责按照规定时限和路径报告内部控制存在的缺陷，并组织落实整改。

（二）人力资源政策

商业银行应当制定有利于可持续发展的人力资源政策。健全员工聘用、辞退与晋升管理机制，将职业道德修养和专业胜任能力作为选拔和聘用员工的重要标准；加强员工培训和继续教育，完善相关业务从业人员的资格认定与考核制度，保证从业人员具备必要的专业资格和从业经验。

（三）激励与约束机制

商业银行应从完善治理机制、设置科学的薪酬与考核体系、完善制度体系、加强内控文化建设四个方面着手，建立有效的激励约束机制。

1. 完善治理机制，为激励约束机制建立提供保障

按照现代公司治理目标，建立和健全董事会、监事会和高管层相互制衡的治理结构，不断完善包括分工机制、协商机制等在内的治理机制，为有效实施激励约束提供保障。

2. 设置科学的薪酬与考核体系

商业银行要建立按需设岗、以岗定薪、业绩挂钩的薪酬制度，最大限度地调动员工的积极性。商业银行应当建立科学的绩效考评体系、合理设定内部控制考评标准，对考评对象在特定期间的内部控制管理活动进行评价，并根据考评结果改进内部控制管理。商业银行应当对内控管理职能部门和内部审计部门建立区别于业务部门的绩效考评方式，以利于其有效履行内部控制管理和监督职能。

3. 商业银行应当建立健全内部控制制度体系

建立健全内部控制制度体系，对各项业务活动和管理活动制定全面、系统、规范的业务制度和管理制度，并定期进行评估。

4. 商业银行应当培育良好的企业内控文化

培育良好的企业内控文化，引导员工树立合规意识、风险意识，提高员工的职业道德水准，规范员工行为。

二、商业银行的风险识别与评估

商业银行应当及时识别、准确评估所面临的各类风险，在战略目标的基础上，根据外部形势和内在发展要求，明确内部控制目标，确定风险容忍度，制定风险应对策略，并将相应目标合理分解至各层级。对高级管理层和各层级关键员工的风险偏好，应采取适当的控制措施，以避免因个人风险偏好给本行经营带来重大损失。

（一）风险识别

商业银行在经营管理活动中会发生各种事件，这些事项对银行达到预先设定目标可能有正面的促进，也可能是负面的影响，甚至可能同一事项同时存在正反两方面的影响，于是就需要银行能够在事前对各种影响进行初步分析与判断，即为风险识别。

商业银行需要确定完备的风险识别方法，因为这是风险评估和应对的基础。充分识别影响商业银行主体目标实现的各类内外部风险因素可以从五个方面着手：一是在信用风险方面，重点关注但不限于国家、地区、行业、客户、交易方式、集中度等因素。二是在市场风险方面，重点关注但不限于利率、汇率（包括黄金）、股票价格和商品价格等因素。三是在操作风险方面，重点关注但不限于人员、内部程序、系统、外部事件等因素。四是在流动性风险方面，重点关注但不限于存款客户支取、贷款客户提款、债务人延期支付、资产负债结构不匹配、资产变现困难、经营损失和衍生品交易等因素。五是对影响本行经营管理的集中度风险、声誉风险、战略风险、国别风险、资产证券化风险等其他各类风险，均应根据外部环境、监管要求和经营状况开展风险识别工作。

（二）风险评估

风险评估是指运用定性或定量的方法估计某种风险发生的概率及其损失后果的额度、性质，以准确地估计损失的严重后果。商业银行应当采用科学的风险管理技术和方法，建立健全风险评估的程序、标准和工具，并按照风险发生的可能性及其对内部控制目标的影响程度等因素，采用定性与定量相结合的方法，对识别的风险进行评估和排序，确定关注重点和优先控制的风险，并对各类主要风险进行持续监控。

（三）风险应对

风险应对是商业银行设计风险控制方案和采取控制措施的程序，通过对风险的控制，可以提高商业银行达到其既定目标的可能性，降低风险事项对银行实现经营和财务目标的不利影响。商业银行应当合理确定各项业务活动和管理活动的风险控制点，采取适当的控制措施，执行标准统一的业务流程和管理流程，确保规范运作。

商业银行可供选择的风险应对策略主要有风险规避、风险降低、风险分担和风险承受。在具体运用时，必须根据风险评估结果，并结合风险容忍度，权衡风险与收益等因素综合考虑后决定，以实现对风险的有效控制，避免给本行经营带来重大损失。

三、商业银行的内部控制活动

从控制对象的角度来看，商业银行的内部控制活动又可以分为制度控制、流程控制、系统控制、人员控制四个方面。其中，制度控制是贯穿内部控制活动的主线，提出并记录对流程、人员以及系统控制的要求；流程控制管事；人员控制管人；系统控制则是通过技术手段实现制度、流程、人员控制要求在系统中的固化，从而减轻流程与人员控制的压力。

（一）制度控制

制度控制是内部控制措施的重要内容，记录了银行对经营管理及业务操作的各项要求，构成了银行内部控制的基础和活动框架，对于保证银行内部控制的有效运作意义重大。因此，制度的制定应满足以下基本要求：

一是从实际出发，根据本机构的经营实际、风险偏好、管理需要，充分反映本机构内部经营管理活动的规律性和特点，保证制度具有可行性和实用性；二是根据需要制定，需要是制定一项制度的唯一标准，制定不必要的制度，反而会扰乱机构的正常经营管理活动；三是建立在法律与道德规范的基础上，否则，会严重影响对内部各方面的约束力度，甚至危及企业的生存和发展；四是必须全面、系统和配套，各种规定、办法、细则要构成一个内在一致、相互配套的体系，不能前后矛盾、漏洞百出，避免发生相互重叠、要求不一的现象；五是要体现合理化原则，即一方面要讲求科学、理性和规律，另一方面要充分考虑机构特点，避免过分强调某一方面；六是讲究关联性，要从调查研究入手，总结已有经验、吸收先进经验，保证制度的先进性。

（二）流程控制

结合商业银行的特点，基于业务流程的内部控制应做到同一业务流程上横向各岗位相互制约、同一专业条线上纵向合理授权以及不相容职务相分离。

为达到流程控制的目标，相应的措施一是秉承以上原则的岗位分工，如信贷部门要实施“审贷分离、分级审批”；运行管理部门要对业务进行合理授权，对于风险较大的业务设置双人复核环节；内部审计监督部门要具有高度的独立性，对其考评应由管理层进行。二是程序分段，对业务进行事前、事中、事后的分段处理，针对各程序段的不同特点，设计可相互制约监督的处理流程、规章制度和岗位要求。

（三）系统控制

对于商业银行来说，系统控制就是要建立贯穿全部机构、覆盖全部管理活动和业务活动的管理信息系统和业务操作系统，利用信息技术，将制度流程与信息系统有效结合，实现对管理活动和业务活动的系统性控制，消除或减少人为操作因素；促进信息的集成与共享，确保及时、准确提供经营管理所需要的各种信息，实现对各类风险的实时和全面监测，促进内部控制有效运行。

（四）人员控制

人员控制是商业银行内部控制活动的基础，要保证商业银行具有较强抵御风险冲击的能力，必须保证较高的人员控制。人员控制有两个层面，第一个层面是客观层面，即与制度控制相嵌合的层面，这也是人员控制的关键。内容包括必须保证对要害部位人员（金库库房、计算机主机机房）和重要岗位人员（基层主管、联行、同城票据交换、出纳、财务会计、资金、外汇交易人员等）进行制约和监督，做到两个方面：一方面是不相容职务分离控制，商业银行应全面系统地梳理所辖业务操作和经营管理流程，对照分离规则识别业务活动和流程中的不相容职务，按照制衡规则将不相容职务配置给不同岗位或人员，形成各司其职、各负其责、相互制约的工作机制；另一方面是关键岗位控制，商业银行应当依据岗位职责、业务权限、流程控制环节、风险等因素识别需要落实轮换的岗位和人员，制定关键岗位的轮换或强制休假制度，明确岗位定期轮换或强制休假规则，并在轮岗或强制休假期间，按照相关制度规定组织对机构负责人开展离岗检查或离任审计，对关键岗位开展离岗检查。人员控制的第二个层面是主观层面，也是人员控制的核心，即通过警示教育、风险培训等手段，确保岗位人员保持较高的风险意识水平，对风险因素和风险苗头的出现具有高度的敏感性，并具备能够达到岗位风险控制目标的必要素质。对人员内在风险意识的提升，使人员能够自觉遵守制度规范的要求，让风险意识能够“外化于行”，并自觉抵制造成风险的不良行为。

四、商业银行的信息与沟通

（一）内部信息沟通

内部沟通是管理层为使员工的行为符合期望和责任要求进行的特定直接沟通，包括一个清晰的关于风险管理哲学和方法的声明，以及一个明确的授权。过程和程序的沟通应该与期望的风险文化保持一致。

商业银行应当建立有效的信息沟通机制，确保董事会、监事会、高级管理层及时了解本行的经营和风险状况，确保相关部门和员工及时了解与其职责相关的制度和信息。商业银行应当建立贯穿各级机构、覆盖所有业务和全部流程的管理信息系统和业务操作系统，及时、准确地记录经营管理信息，确保信息的完整、连续、准确和可追溯。同时，商业银行应当加强对信息的安全控制和保密管理，对各类信息实施分等级安全管理，对信息系统访问实施权限管理，确保信息安全。

（二）外部信息沟通

良好的外部沟通既包括企业从外部，比如说从顾客、市场等获得及时有用的信息，调整自己的风险容量和风险容限，也包括外部人员对银行的及时了解，比如外部审计人员对一个企业战略、经营以及相关经营事务和控制系统的深入了解就能为管理层和董事会提供重要的风险和控制信息。

（三）信息披露机制

信息披露是指企业把与自身相关的信息向投资者和社会公众公开的行为，从而使信息使用者能够根据公布的信息进行合理的投资和决策。信息披露有狭义和广义之分，狭义的信息披露仅指对市场的信息公开；而广义的信息披露则含括了所有的内幕信息在外部的任何层次的公开。信息披露的形式主要以公司的定期报告和临时公告为主。

就信息披露的内容来看，主要包括财务报表及附注、公司治理情况和风险管理情况等。而基于商业银行的特殊性，其向银行监管部门报送及对外披露的信息往往比其他行业更为详细、深入，比如应更注重披露资本充足程度、资产质量、资产的流动性、盈利能力、各类风险与风险管理等情况。

信息披露的重要性毋庸置疑，把各类数据公布于众，可以实现有关部门、群众、舆论等方面的多重监督，有效地阻止重大违规、违纪甚至违法经营活动，化解信息不对称的难题。同时由于披露的外在压力，促使企业改善经营管理方式，提升企业公众形象，提高经营绩效，时刻保持企业发展的活力。

五、商业银行的监督与纠正

商业银行的内部控制是一个动态的管理过程，会随着时间的流逝产生变化。比如，由于人员、组织结构、发展方向的改变，或者是运用了新的程序等原因，曾经有效的风险应对措施可能变得不相关了；控制活动的有效性降低，或者不再被执行；甚至内部控制所服务的银行主体目标也可能发生改变。面对这些变化，管理层需要建立起一系列有效的监督与纠正活动，对每一个内部控制要素是否有效做出判断，对检查发现的内部控制缺陷及时进行纠正。

因此，商业银行的监督和纠正活动是指董事会及高级管理层组织银行内部专业人员，包括业务部门、风险管理部门和内部审计部门，或借助外部监管或专业机构，对内部控制运行的有效性、适应性、合规性和充分性实施监督检查，通过检查发现潜在问题，分析认定内部控制缺陷、对控制缺陷进行纠正，并开展责任追究的活动，从而实现对内部控制体系的持续改进。

（一）内部监督体系

商业银行的内部监督体系由内部审计、风险管理和业务部门共同构成。这些部门均须承担内部控制的监督检查职责，应根据分工协调配合，构建覆盖各级机构、各个产品、各个业务流程的监督检查体系。商业银行应当建立内部监督检查的报告和信息反馈制度，各类业务部门均应将发现的内部控制缺陷，按照规定的报告路线及时报告董事会、监事会、高级管理层或相关部门。商业银行还应当建立内部控制问题的整改及跟踪机制，明确整改责任部门，规范整改工作流程，确保整改措施落实到位。

（二）监督检查

监督检查是商业银行内部监督体系中的重要一环，商业银行只有通过持续有效的监督检查活动，才能够发现潜在的内部控制缺陷，进而纠正完善，从而不断提高商业银行的内部控制水平。监督检查的主要内容包括日常检查和专项检查。

日常检查以确保银行各层级机构有计划地开展日常监督，全面有效地发现内部控制问题和缺陷为控制目标，其主要风险为未有序开展日常检查，或日常检查流于形式，可能导致检查的疏漏或重复，无法全面有效地发现内部控制问题和缺陷，影响银行业务正常运营。

专项检查以确保及时有效发现并处理因重大变化或调整引起的问题与缺陷，提高日常运营效率为控制目标。其主要风险为当银行发生重大变化或调整时，未能及时实施专项监督检查，可能导致无法全面有效地发现潜在的内部控制缺陷并及时进行处理，从而造成潜在的风险或损失。

（三）内部控制评价

商业银行内部控制评价是对商业银行内部控制体系建设、实施和运行结果开展的调查、测试、分析和评估等系统性活动。内部控制评价实质是监督检查活动之一，但较之普通监督检查工作，由于其评价的业务范围具有全面性，评价方法和手段更为系统而复杂，评价结果对于商业银行完善内部控制管理更具参考价值。

商业银行应当建立内部控制评价制度，规定内部控制评价的实施主体、频率、内容、程序、方法和标准等，确保内部控制评价工作规范进行。商业银行内部控制评价应当由董事会指定的部门组织实施。商业银行应当建立内部控制评价质量控制机制，对评价工作实施全流程质量控制，确保内部控制评价客观公正。

商业银行应当根据业务经营情况和风险状况确定内部控制评价的频率，至少每年开展一次。当商业银行发生重大的并购或处置事项、营运模式发生重大改变、外部经营环境发生重大变化，或其他有重大实质影响的事项发生时，应当及时组织开展内部控制评价。

商业银行应当制定内部控制缺陷认定标准，根据内部控制缺陷的影响程度和发生的可能性划分内部控制缺陷等级，并明确相应的纠正措施和方案。

商业银行应当对纳入并表管理的机构进行内部控制评价，包括商业银行及其附属机构。商业银行应当强化内部控制评价结果运用，可将评价结果与被评价机构的绩效考评和授权等挂钩，并作为被评价机构领导班子考评的重要依据。

（四）缺陷认定与整改

1. 缺陷认定

通过监督检查活动发现的问题是否涉及内部控制的缺陷，需要通过专门的缺陷认定工作来得到确认。缺陷认定的主要内容有明确内部控制缺陷认定标准、缺陷认定和问题与缺陷分析。

缺陷认定标准是以确保缺陷认定标准的全面性和适宜性为控制目标，一是应从内部控制目标出发，从全行层面评估该缺陷对全行造成的影响，包括既有影响和潜在影响，进而判断内控缺陷的严重程度；二是针对每类影响，内控主管部门可按照其严重程度进行分级，统一不同等级影响程度对应的缺陷等级，并对影响等级评估采取“从重原则”，将该缺陷造成的各类影响的评级中最严重的评级作为该缺陷的最终评级；三是银行应明确内部控制缺陷定性的认定标准，重点关注内部控制可能存在重大缺陷的迹象；四是缺陷认定标准由内控主管部门拟定后经董事会或相关责任机构论证批准后生效，并根据相关要求和管理现状实施定期调整优化。

缺陷认定是以确保缺陷认定的合理性，有效指导缺陷整改工作为控制目标，需经适当责任主体按照适当程序、缺陷认定标准和缺陷分析结果进行认定，内控评价部门应对评价实施主体提交的内部控制缺陷初步认定意见进行审核，并负责对一般缺陷进行最终认定，缺陷认定审核意见分别报内控管理相关委员会和董事会，内控管理相关委员会负责对重要缺陷最终认定，董事会负责对重大缺陷最终认定。

问题与缺陷分析是以确保问题和缺陷发生的深层次原因得到有效分析，推动其从根源上解决问题为控制目标，需综合各种因素对问题进行深度分析，寻找形成问题、缺陷的深层次原因，为整改、调整或改进奠定基础，保证持续改进工作效率和效果。

2. 缺陷整改

监督检查活动的最终目的不仅是发现问题，更重要的是从问题中发现内部控制的缺陷，对缺陷进行整改，从而有效遏制问题的再次发生。因此，缺陷整改是整个监督检查活动的重要闭环。

商业银行应当建立内部控制监督的报告和信息反馈制度，内部审计部门、内控管理职能部门、业务部门人员应将发现的内部控制缺陷，按照规定的报告路线及时报告董事会、监事会、高级管理层或相关部门。商业银行应当建立内部控制问题整改机制，明确整改责任部门，规范整改工作流程，确保整改措施落实到位。

整改实施是以确保问题和缺陷按照整改标准和程序得到及时有效的整改，提高正常运营效率，满足监管机构规范要求为控制目标，需确保缺陷整改实施到位，并就整改方式进行及时沟通和确认。缺陷整改实施不到位，会导致发现的问题和缺陷仍然存在，造成内部各种资源的浪费，影响业务正常运营，甚至导致银行面临监管机构处罚。

（五）责任追究

商业银行要进一步提高监督检查活动的成效，除了对问题缺陷进行有力整改，还需要严格对照规章制度，对问题责任人进行问责处理，做到违规必究，以儆效尤。因此，商业银行应当建立内部控制管理责任制，强化责任追究。

董事会、高级管理层应当对内部控制的有效性分级负责，并对内部控制失效造成的重大损失承担管理责任。内部审计部门、内控管理职能部门应当对未适当履行监督检查和内部控制评价职责承担直接责任。业务部门应当对未执行相关制度、流程，未适当履行检查职责，未及时落实整改承担直接责任。

此外，银行业监督管理机构通过非现场监管和现场检查等方式实施对商业银行内部控制的持续监管，并根据相关法律法规，按年度组织对商业银行内部控制进行评估，提出监管意见，督促商业银行持续加以完善。

复习思考题

1. 商业银行内部控制的目标是什么？
2. 简述商业银行内部控制的治理和组织架构。
3. 影响商业银行主体目标实现的各类内外部风险因素主要有哪些？
4. 商业银行制度的制定应满足哪些基本要求？
5. 缺陷认定的主要内容有哪些？

第二章　合规风险管理

第一节

商业银行合规管理的基本内涵

一、商业银行合规的内涵

合规是指使商业银行的经营活动与法律、规则和准则相一致①。合规风险是指商业银行因没有遵循法律、规则和准则可能遭受法律制裁、监管处罚、重大财务损失和声誉损失的风险。

合规在国外称为 Compliance，原义为“服从，听从，承诺”等，现引申为“合规”。对“合规”实质意思的不同理解，可以包含两方面：遵守法律法规、规章制度和遵守伦理道德，即所谓的狭义合规和广义合规。从大众的认识层面来看，企业与社会发生关联所受到的约束不仅仅是法律法规，更多的是社会责任，企业在社会上的信任级别往往是评判一个企业优良的重要准绳。因此，从广义上或者说从遵守法律法规和伦理道德的层面上来理解和把握合规更为社会公众和学界人士所接受②。

本书中的“商业银行合规”是指商业银行受到法律、监管、社会责任等因素的制约而

① 《商业银行合规风险管理指引》，2006 年 10 月 25 日。

② 《HF 银行宁波分行合规风险管理优化研究》. 宁波大学硕士学位论文。

使其经营活动与其所适用的法律、法规、规则、准则等规范性制度相一致。由此概念可见，商业银行合规所依据的规范性制度的范围既包括商业银行外部的法律法规，又包括商业银行内部的规章制度等，是一种广义层面的合规概念。

二、商业银行合规的基本范畴

从国内监管机构标准来看，中国银监会2006年发布的《商业银行合规风险管理指引》（银监发〔2006〕76号）确立了中国商业银行合规管理的基本原则和框架，指出合规所要遵循的法律、规则和准则，是指适用于银行业经营活动的法律、行政法规、部门规范性文件、经营规则，自律性组织的行业准则、行为守则和职业操守。

从我国商业银行的实践来看，适用于商业银行的规则主要有以下几个类型：

（一）法律

由国家最高权力机关及其常设机关，即全国人民代表大会和全国人民代表大会常务委员会行驶国家立法权，依照法定程序制定、修改并颁布，并由国家强制力保证实施的基本法律和普通法律的统称。涉及商业银行日常经营管理的法律主要有《中华人民共和国商业银行法》《中华人民共和国银行业监督管理法》《中华人民共和国票据法》《中华人民共和国反洗钱法》等。

（二）行政法规

由国家最高行政机关——国务院在法定职责范围内为实施宪法和法律制定的有关国家行政管理的规范性文件，其效力仅次于宪法和法律。涉及商业银行日常经营管理的行政法规主要有《中华人民共和国外资银行管理条例》《金融违法行为处罚办法》《国有重点金融机构监事会暂行条例》《储蓄管理条例》《存款保险条例》（国务院令第660号）以及《中华人民共和国外汇管理条例》等。

（三）规章及规范性文件

国务院所属各部、各委员会在自己职权范围内发布的规范性文件，尤其是银保监会、人民银行发布的规章及规范性文件。最新的规范性文件有《商业银行互联网贷款管理暂行办法》（中国银行保险监督管理委员会令〔2020〕9号）、《银行函证及回函工作操作指引》、《商业银行小微企业金融服务监管评价办法（试行）》等。

（四）行业准则、行为守则和职业操守

企业伦理和社会规范也是商业银行合规应遵从的主要内容。中国银行业协会等自律组织发起制定了《中国银行业文明服务公约》《中国银行业反不正当竞争公约》《中国银行业从业人员流动公约》《中国银行业柜面服务规范》《中国银行业营业网点服务突发事件应急处理工作指引》《中国银行业协会跨行国内信用证产品指引（2020）》《中国银行业协会商业银行福费廷业务指引》等。此外，商业银行合规还需要遵守国际行业组织制定的行业准则和各项工作建议，如巴塞尔委员会的新资本协议、国际金融行动特别工作组（FATF）的工作建议等。

三、合规风险与操作风险、法律风险的关系

合规管理是商业银行一项核心的风险管理活动。商业银行应综合考虑合规风险与信用风险、市场风险、操作风险和其他风险的关联性，确保各项风险管理政策和程序的一致性。其中，操作风险、法律风险与合规风险的关系最为密切。

（一）与操作风险的关系

操作风险与合规风险存在一定的联系。一方面，操作风险事件是引起合规风险的动因之一，合规风险背后多有操作风险的因素，许多重大的合规风险事件都是由小的操作风险累计所引起，例如著名的巴林银行倒闭事件，最开始到导火索就是没有及时取消一个额外设立的不合规账户。另一方面，合规风险可以看作是广义操作风险的内容。虽然多数的操作风险主要表现在操作环节和操作人员身上，但其背后往往潜藏着操作环节存在的设计缺陷与运行缺陷。

操作风险与合规风险存在明显的区别。首先，划分标准不同。全面风险管理包含操作风险、信用风险、市场风险三大类风险，这是从可能对银行的资本造成损失的角度划分，主要针对银行的内外部经营风险，但是合规风险则是从守规与违规的角度出发，并不考虑银行的资本充足率问题，主要针对银行的内部经营管理。其次，风险引发因素不同。操作风险是由不完善或有问题的内部程序、人员、计算机系统或外部事件等引发的风险，合规风险则是因为银行违反法律法规及监管规章、内部操作规程和规则而导致的风险。最后，风险内涵不同。操作风险既包括操作交易风险，也包括技术风险、内部失

控风险，还包括外部欺诈、盗抢等风险，合规风险相对单一，只是集中于银行违法违规行为所导致的不利后果。

（二）与法律风险的关系

法律风险有狭义和广义之分。广义的法律风险是指商业银行日常经营活动无法满足或者违反商业准则和法律要求，导致商业银行不能履行合同发生争议，引发诉讼或者其他法律纠纷，而可能给商业银行带来经济损失的风险。事实上，广义的法律风险涵盖了合规风险。狭义的法律风险一般是指因企业外部法律环境发生变化，或者由于企业自身在内各种主体未按照法律规定或者合同约定行使权利、履行义务，而对企业产生负面法律后果的可能性。

法律风险与合规风险存在一定的联系，二者在部分情况下同时发生，如银行因某项业务违反法律而遭受处罚时，银行既面临合规风险，同时也承担法律风险，与该业务相关的有关交易合约可能被认定无效，银行须承担由此产生的财务损失和赔偿责任。

法律风险与合规风险主要有三个区别。首先，两者的发展历史不同。法律风险是商业银行最古老的风险之一，经过200多年的发展如今商业银行的法律风险管理已经较为成熟和完善，国内外商业银行都积累了丰富的管理经验和方法，建立了系统的管理机制，而合规风险从最早提出到现在不过40余年，商业银行对合规风险独立进行管理也是近20余年的事情，对于合规风险管理，各国监管机构的做法更是大相径庭，某些资本输出国出于维护本国税收和经济安全的需要，热衷于反洗钱、反避税层面的监管；一些新兴市场国家在市场开放与全球化的大环境下也随之提出合规目标，但监管还不够成熟，处于不断完善的过程中。其次，管理风险的依据不同。法律风险管理主要依据的是法律及监管规定，合规风险管理的主要依据是法律、监管规定、规则、自律性组织制定的有关准则，以及适用于银行自身业务活动的行为准则，合规风险的外延远比法律风险大。最后，风险管理方法不同。商业银行法律风险管理针对的是商业银行经营活动当中的法律争议的防控和化解，管理的侧重点在于经营管理具体事项内容的法律审查，具体管理方法主要是法律审查、法律意见书的出具、法律争议纠纷的解决。合规风险管理针对的是商业银行经营活动合规风险的防控，管理的侧重点是经营管理的流程审核，通过检验具体管理流程是否符合相关法律、监管规定、行业准则、内部经营规则，通过监督检查经营活动程序是否合规来防范经营风险，具体管理方法是合规文化建设、监管规则跟踪落实、合规审查、合规队伍建设、合规履职管理、整改问责等。

第二节

商业银行合规管理体系

商业银行应加强合规文化建设，并将合规文化建设融入企业文化建设全过程。合规是商业银行所有员工的共同责任，并应从商业银行高层做起。董事会和高级管理层确定本银行合规的基调，确立全员主动合规、合规创造价值等合规理念，在全行推行诚信与正直的职业操守和价值观念，提高全体员工的合规意识，促进商业银行自身合规与外部监管的有效互动。商业银行应建立专门的合规管理部门，即在银行内部设立专门负责合规管理职能的部门、团队或岗位。

商业银行合规风险管理的目标是通过建立健全合规风险管理框架，实现对合规风险的有效识别和管理，促进全面风险管理体系建设，确保依法合规经营。根据银保监会的要求，商业银行的合规风险管理体系应包括合规政策、合规管理部门的组织结构和资源、合规风险管理计划、合规风险识别和管理流程、合规培训与教育制度五部分。

一、合规政策要求

商业银行的合规政策应明确所有员工和业务条线需要遵守的基本原则，以及识别和管理合规风险的主要程序，并对合规管理职能的有关事项做出规定。合规政策至少应包括：

1. 合规管理部门的功能和职责；

2. 合规管理部门的权限，包括享有与银行任何员工进行沟通并获取履行职责所需的任何记录或档案材料的权利等；

3. 合规负责人的合规管理职责；

4. 保证合规负责人和合规管理部门独立性的各项措施，包括确保合规负责人和合规管理人员的合规管理职责与其承担的任何其他职责之间不产生利益冲突等；

5. 合规管理部门与风险管理部门、内部审计部门等其他部门之间的协作关系；

6. 设立业务条线和分支机构合规管理部门的原则。

二、合规管理部门的组织结构

董事会应对商业银行经营活动的合规性负最终责任，履行以下合规管理职责：

1. 审议批准商业银行的合规政策，并监督合规政策的实施；

2. 审议批准高级管理层提交的合规风险管理报告，并对商业银行合规风险管理的有效性做出评价，以使合规缺陷得到及时有效的解决；

3. 授权董事会下设的风险管理委员会、审计委员会或专门设立的合规管理委员会对商业银行合规风险管理进行日常监督；

4. 商业银行章程规定的其他合规管理职责。

负责日常监督商业银行合规风险管理的董事会下设委员会应通过与合规负责人单独面谈和其他有效途径，了解合规政策的实施情况和存在的问题，及时向董事会或高级管理层提出相应的意见和建议，监督合规政策的有效实施。监事会应监督董事会和高级管理层合规管理职责的履行情况。

高级管理层应有效管理商业银行的合规风险，履行以下合规管理职责：

1. 制定书面的合规政策，并根据合规风险管理状况以及法律、规则和准则的变化情况适时修订合规政策，报经董事会审议批准后传达给全体员工；

2. 贯彻执行合规政策，确保发现违规事件时及时采取适当的纠正措施，并追究违规责任人的相应责任；

3. 任命合规负责人，并确保合规负责人的独立性；

4. 明确合规管理部门及其组织结构，为其履行职责配备充分和适当的合规管理人员，并确保合规管理部门的独立性；

5. 识别商业银行所面临的主要合规风险，审核批准合规风险管理计划，确保合规管理部门与风险管理部门、内部审计部门以及其他相关部门之间的工作协调；

6. 每年向董事会提交合规风险管理报告，报告应提供充分依据并有助于董事会成员判断高级管理层管理合规风险的有效性；

7. 及时向董事会或其下设委员会、监事会报告任何重大违规事件；

8. 合规政策规定的其他职责。

合规负责人应全面协调商业银行合规风险的识别和管理，监督合规管理部门根据合规风险管理计划履行职责，定期向高级管理层提交合规风险评估报告。合规负责人不得分管业务条线。

合规风险评估报告至少需要包括报告期合规风险状况的变化情况、已识别的违规事件和合规缺陷、已采取的或建议采取的纠正措施等。

商业银行应建立有效的合规问责制度，严格对违规行为的责任认定与追究，并采取有效的纠正措施，及时改进经营管理流程，适时修订相关政策、程序和操作指南。商业银行应建立诚信举报制度，鼓励员工举报违法、违反职业操守或可疑行为，并充分保护举报人。

三、合规培训

商业银行合规培训是以学习合规文化理念、合规规则准则、合规履职技能等为主要内容，旨在提升员工合规意识和合规履职能力，营造良好的合规文化环境，促进银行合规运营的教育活动。

商业银行合规培训的主要内容有：介绍和解析监管部门新发布的法律法规和监管动态；宣讲本机构的合规文化理念；介绍本机构合规管理体系的最新变化；介绍本机构合规管理各项工作机制和工作流程；介绍和解析具体业务条线的规章制度和操作流程；对员工行为守则、员工违规行为处理规定、员工行为禁止规定等同类文件进行宣讲；讲授合规管理履职技能；介绍和分析典型合规案例；介绍特定合规领域的合规管理要求。

商业银行应当根据不同的合规培训对象确定合规培训内容的侧重点。针对高级管理层，商业银行应当重点进行本机构合规治理架构、监管动态和导向的合规管理培训，培养全行“合规从高层做起”的合规文化氛围。针对各级、各类员工，商业银行应当注重加强合规文化理念的宣讲和传导，培养员工的底线意识和合规意识；注重进行专业培训，使员工熟悉所操作业务的制度要求和操作流程。对于员工中的“三新”人员，即新入职、新转岗、新提拔人员，商业银行还应进一步开展增强型培训，分别在其入职后、转岗后、到任后三个月内进行与岗位相应的合规教育。

四、合规审查关注重点

合规审查是指商业银行对本行颁布的新制度、开发的新业务和推出的新产品等重要经营事项的合规性和规范性进行审查，识别合规风险，并提出合规意见和风险防控建议的专业工作，是对合规风险进行源头管理的主要手段。在合规审查的过程中针对不同的审查事项应有不同的关注重点。

（一）合规部门合规审查

日常经营过程中，商业银行合规部门合规审查的重点有：

1. 是否违反有关监管规则和准则的禁止性规定，是否符合相关监管要求；
2. 是否符合上级行和本级行的相关制度要求；
3. 是否取得相应的资格或符合授权要求；
4. 是否有充分的监督工具或手段进行监测；

5. 防范和控制风险的内部控制措施是否适当、完善；

6. 送审材料和送审流程是否完整、规范；

7. 涉及的其他合规事项。

（二）境内分支机构的设立、变更、终止类事项

商业银行境内分支机构的设立、变更、终止类事项合规审查的关注重点为是否符合《中资商业银行行政许可证管理事项办法》及其他监管规定中有关机构设立、变更、终止的各项程序和条件；进行机构设立、变更、终止时提交的申请材料是否完整、齐全、有效。

（三）业务、产品类事项

商业银行业务、产品类事项合规审查的关注重点为：

1. 业务主体资格是否符合监管规定和行内业务制度要求；

2. 具体产品和业务中涉及的产品结构、资金投向、资金用途、核算规则、相关比例数据，以及处理流程等是否符合监管规定及行内业务制度要求；

3. 开办产品与业务是否已经取得相应的资格或已经取得相应的授权，是否符合行内授权、授信制度的管理要求；

4. 对属于《中资商业银行行政许可证管理事项办法》中规定的业务品种，应审查是否满足该办法相关要求。

（四）新制定或新修订制度

新制定或新修订制度合规审查的关注重点为：是否符合行内制度效力层级、制定程序和体例规范；是否与其他制度之间存在重叠、冲突等。

第三节

合规管理部门

一、合规管理部门职责

合规管理部门应在合规负责人的管理下协助高级管理层有效识别和管理商业银行所面

临的合规风险，履行以下基本职责：

1. 持续关注法律、规则和准则的最新发展，正确理解法律、规则和准则的规定及其精神，准确把握法律、规则和准则对商业银行经营的影响，及时为高级管理层提供合规建议；

2. 制定并执行风险为本的合规管理计划，包括特定政策和程序的实施与评价、合规风险评估、合规性测试、合规培训与教育等；

3. 审核评价商业银行各项政策、程序和操作指南的合规性，组织、协调和督促各业务条线和内部控制部门对各项政策、程序和操作指南进行梳理和修订，确保各项政策、程序和操作指南符合法律、规则和准则的要求；

4. 协助相关培训和教育部门对员工进行合规培训，包括新员工的合规培训，以及所有员工的定期合规培训，并成为员工咨询有关合规问题的内部联络部门；

5. 组织制定合规管理程序以及合规手册、员工行为准则等合规指南，并评估合规管理程序和合规指南的适当性，为员工恰当执行法律、规则和准则提供指导；

6. 积极主动地识别和评估与商业银行经营活动相关的合规风险，包括为新产品和新业务的开发提供必要的合规性审核和测试，识别和评估新业务方式的拓展、新客户关系的建立以及客户关系的性质发生重大变化等所产生的合规风险；

7. 收集、筛选可能预示潜在合规问题的数据，如消费者投诉的增长数、异常交易等，建立合规风险监测指标，按照风险矩阵衡量合规风险发生的可能性和影响，确定合规风险的优先考虑序列；

8. 实施充分且有代表性的合规风险评估和测试，包括通过现场审核对各项政策和程序的合规性进行测试，询问政策和程序存在的缺陷，并进行相应的调查。合规性测试结果应按照商业银行的内部风险管理程序，通过合规风险报告路线向上报告，以确保各项政策和程序符合法律、规则和准则的要求；

9. 保持与监管机构日常的工作联系，跟踪和评估监管意见和监管要求的落实情况。

二、合规管理部门的设置要求

商业银行应为合规管理部门配备有效履行合规管理职能的资源，与此同时，合规管理人员应具备与履行职责相匹配的资质、经验、专业技能和个人素质。商业银行应定期为合规管理人员提供系统的专业技能培训，尤其是在正确把握法律、规则和准则的最新发展及其对商业银行经营的影响等方面的技能培训。

商业银行应根据业务条线和分支机构的经营范围、业务规模设立相应的合规管理部门，各业务条线和分支机构的负责人应对本条线和本机构经营活动的合规性负首要责任。各业务条线和分支机构合规管理部门应根据合规管理程序主动识别和管理合规风险，按照合规风险的报告路线和报告要求及时报告。与此同时，商业银行应建立合规管理部门与风险管理部门在合规管理方面的协作机制。

商业银行合规管理职能应与内部审计职能分离，合规管理职能的履行情况应受到内部审计部门定期的独立评价，内部审计部门应负责商业银行各项经营活动的合规性审计。内部审计方案应包括合规管理职能适当性和有效性的审计评价，内部审计的风险评估方法应包括对合规风险的评估。商业银行应明确合规管理部门与内部审计部门在合规风险评估和合规性测试方面的职责。

内部审计部门应随时将合规性审计结果告知合规负责人。商业银行应明确合规风险报告路线以及合规风险报告的要素、格式和频率。

复习思考题

1. 从我国商业银行的实践来看，适用于商业银行的规则主要有哪些？
2. 简述商业银行合规风险与操作风险、法律风险的关系。
3. 商业银行合规政策应包括哪些内容？
4. 商业银行合规培训的主要内容有哪些？
5. 商业银行业务、产品类事项合规审查的关注重点有哪些？

第三章　银行业金融机构全面风险管理①

第一节

全面风险管理的内涵

银行业金融机构应当建立全面风险管理体系，采取定性和定量相结合的方法，识别、计量、评估、监测、报告、控制或缓释所承担的各类风险，各类风险包括信用风险、市场风险、流动性风险、操作风险、国别风险、银行账户利率风险、声誉风险、战略风险、信息科技风险以及其他风险。银行业金融机构全面风险管理应当遵循以下基本原则：

1. 匹配性原则

全面风险管理体系应当与风险状况和系统重要性等相适应，并根据环境变化进行调整。

2. 全覆盖原则

全面风险管理应当覆盖各个业务条线，包括本外币、表内外、境内外业务；覆盖所有分支机构、附属机构，部门、岗位和人员；覆盖所有风险种类和不同风险之间的相互影响；贯穿决策、执行和监督全部管理环节。

3. 独立性原则

银行业金融机构应当建立独立的全面风险管理组织架构，赋予风险管理条线足够的授

① 《银行业金融机构全面风险管理指引》（银监发〔2016〕44号）。

权、人力资源及其他资源配置，建立科学合理的报告渠道，与业务条线之间形成相互制衡的运行机制。

4. 有效性原则

银行业金融机构应当将全面风险管理的结果应用于经营管理，根据风险状况、市场和宏观经济情况评估资本和流动性的充足性，有效抵御所承担的总体风险和各类风险。

银行业金融机构全面风险管理体系应当包括但不限于以下要素：

（1）风险治理架构；

（2）风险管理策略、风险偏好和风险限额；

（3）风险管理政策和程序；

（4）管理信息系统和数据质量控制机制；

（5）内部控制和审计体系。

银行业金融机构应当推行稳健的风险文化，形成与本机构相适应的风险管理理念、价值准则、职业操守，建立培训、传达和监督机制，推动全体工作人员理解和执行。

银行业金融机构应当承担全面风险管理的主体责任，建立全面风险管理制度，保障制度执行，对全面风险管理体系进行自我评估，健全自我约束机制，同时，按照银行业监督管理机构的规定，向公众披露全面风险管理情况。

第二节

风险治理架构

银行业金融机构应当建立组织架构健全、职责边界清晰的风险治理架构，明确董事会、监事会、高级管理层、业务部门、风险管理部门和内审部门在风险管理中的职责分工，建立多层次、相互衔接、有效制衡的运行机制。

一、董事会、监事会职责

银行业金融机构董事会承担全面风险管理的最终责任，履行以下职责：

1. 建立风险文化；

2. 制定风险管理策略；

3. 设定风险偏好和确保风险限额的设立；

4. 审批重大风险管理政策和程序；

5. 监督高级管理层开展全面风险管理；

6. 审议全面风险管理报告；

7. 审批全面风险和各类重要风险的信息披露；

8. 聘任风险总监（首席风险官）或其他高级管理人员，牵头负责全面风险管理；

9. 其他与风险管理有关的职责。

董事会可以授权其下设的风险管理委员会履行其全面风险管理的部分职责，同时建立风险管理委员会与董事会下设的战略委员会、审计委员会、提名委员会等其他专门委员会的沟通机制，确保信息充分共享并能够支持风险管理相关决策。

监事会承担全面风险管理的监督责任，负责监督检查董事会和高级管理层在风险管理方面的履职尽责情况并督促整改，相关监督检查情况应当纳入监事会工作报告。

二、高级管理层职责

银行业金融机构高级管理层承担全面风险管理的实施责任，执行董事会的决议，履行以下职责：

1. 建立适应全面风险管理的经营管理架构，明确全面风险管理职能部门、业务部门以及其他部门在风险管理中的职责分工，建立部门之间相互协调、有效制衡的运行机制；

2. 制定清晰的执行和问责机制，确保风险管理策略、风险偏好和风险限额得到充分传达和有效实施；

3. 根据董事会设定的风险偏好，制定风险限额，包括但不限于行业、区域、客户、产品等维度；

4. 制定风险管理政策和程序，定期评估，必要时予以调整；

5. 评估全面风险和各类重要风险管理状况并向董事会报告；

6. 建立完备的管理信息系统和数据质量控制机制；

7. 对突破风险偏好、风险限额以及违反风险管理政策和程序的情况进行监督，根据董事会的授权进行处理；

8. 风险管理的其他职责。

三、首席风险官

规模较大或业务复杂的银行业金融机构应当设立风险总监（首席风险官）。董事会应当将风险总监（首席风险官）纳入高级管理人员。风险总监（首席风险官）或其他牵头负责全面风险管理的高级管理人员应当保持充分的独立性，独立于操作和经营条线，可以直接向董事会报告全面风险管理情况。

调整风险总监（首席风险官）应当事先得到董事会批准，并公开披露。银行业金融机构应当向银行业监督管理机构报告调整风险总监（首席风险官）的原因。

四、全面风险管理职能部门

银行业金融机构应当确定业务条线承担风险管理的直接责任；风险管理条线承担制定政策和流程，监测和管理风险的责任；内审部门承担业务部门和风险管理部门履职情况的审计责任。

银行业金融机构应当设立或者指定部门负责全面风险管理，牵头履行全面风险的日常管理，包括但不限于以下职责：

1. 实施全面风险管理体系建设；

2. 牵头协调识别、计量、评估、监测、控制或缓释全面风险和各类重要风险，及时向高级管理人员报告；

3. 持续监控风险管理策略、风险偏好、风险限额及风险管理政策和程序的执行情况，对突破风险偏好、风险限额以及违反风险管理政策和程序的情况及时预警、报告并提出处理建议；

4. 组织开展风险评估，及时发现风险隐患和管理漏洞，持续提高风险管理的有效性。

银行业金融机构应当采取必要措施，保证全面风险管理的政策流程在基层分支机构得到理解与执行，建立与基层分支机构风险状况相匹配的风险管理架构。银行业金融机构应当赋予全面风险管理职能部门和各类风险管理部门充足的资源、独立性、授权，保证其能够及时获得风险管理所需的数据和信息，满足履行风险管理职责的需要。

第三节

风险管理策略、风险偏好和风险限额

银行业金融机构应当制定清晰的风险管理策略，至少每年评估一次其有效性。风险管理策略应当反映风险偏好、风险状况以及市场和宏观经济变化，并在银行内部得到充分传导。

银行业金融机构应当制定书面的风险偏好，做到定性指标和定量指标并重。风险偏好的设定应当与战略目标、经营计划、资本规划、绩效考评和薪酬机制衔接，在机构内传达并执行。每年对风险偏好至少进行一次评估。风险偏好应当包括但不限于以下内容：

1. 战略目标和经营计划的制定依据，风险偏好与战略目标、经营计划的关联性；

2. 为实现战略目标和经营计划愿意承担的风险总量；

3. 愿意承担的各类风险的最大水平；

4. 风险偏好的定量指标，包括利润、风险、资本、流动性以及其他相关指标的目标值或目标区间。上述定量指标通过风险限额、经营计划、绩效考评等方式传导至业务条线、分支机构、附属机构；

5. 对不能定量的风险偏好的定性描述，包括承担此类风险的原因、采取的管理措施；

6. 资本、流动性抵御总体风险和各类风险的水平；

7. 可能导致偏离风险偏好目标的情形和处置方法。

银行业金融机构应当建立监测分析各业务条线、分支机构、附属机构执行风险偏好的机制。当风险偏好目标被突破时，应当及时分析原因，制定解决方案并实施。与此同时，建立风险偏好的调整制度，根据业务规模、复杂程度、风险状况的变化，对风险偏好进行调整。

银行业金融机构应当制定风险限额管理的政策和程序，建立风险限额设定、限额调整、超限额报告和处理制度，根据风险偏好，按照客户、行业、区域、产品等维度设定风险限额。风险限额应当综合考虑资本、风险集中度、流动性、交易目的等。

全面风险管理职能部门应当对风险限额进行监控，并向董事会或高级管理层报送风险限额使用情况。风险限额临近监管指标限额时，应当启动相应的纠正措施和报告程序，采取必要的风险分散措施，并向银行业监督管理机构报告。

第四节

风险管理

一、风险管理政策和程序

银行业金融机构应当制定每项业务对应的风险管理政策和程序。未制定的，不得开展该项业务。风险管理政策和程序，包括但不限于以下内容：

1. 全面风险管理的方法，包括各类风险的识别、计量、评估、监测、报告、控制或缓释，风险加总的方法和程序；

2. 风险定性管理和定量管理的方法；

3. 风险管理报告；

4. 压力测试安排；

5. 新产品、重大业务和机构变更的风险评估；

6. 资本和流动性充足情况评估；

7. 应急计划和恢复计划。

银行业金融机构应当在集团和法人层面对各附属机构、分支机构、业务条线，对表内和表外、境内和境外、本币和外币业务涉及的各类风险，进行识别、计量、评估、监测、报告、控制或缓释。

银行业金融机构应当有效评估和管理各类风险。对能够量化的风险，应当通过风险计量技术，加强对相关风险的计量、控制、缓释；对难以量化的风险，应当建立风险识别、评估、控制和报告机制，确保相关风险得到有效管理。

银行业金融机构应当建立风险统一集中管理的制度，确保全面风险管理对各类风险管理的统领性、各类风险管理与全面风险管理政策和程序的一致性。

银行业金融机构应当建立风险加总的政策、程序，选取合理可行的加总方法，充分考虑集中度风险及风险之间的相互影响和相互传染，确保在不同层次上和总体上及时识别风险。

银行业金融机构应当建立全面风险管理报告制度，明确报告的内容、频率和路线。报告内容至少包括总体风险和各类风险的整体状况；风险管理策略、风险偏好和风险限额的执行情况；风险在行业、地区、客户、产品等维度的分布；资本和流动性抵御风险的能力。

银行业金融机构应当建立压力测试体系，明确压力测试的治理结构、政策文档、方法流程、情景设计、保障支持、验证评估以及压力测试结果运用。定期开展压力测试，压力测试的开展应当覆盖各类风险和表内外主要业务领域，并考虑各类风险之间的相互影响，压力测试结果应当运用于银行业金融机构的风险管理和各项经营管理决策中。

银行业金融机构应当建立专门的政策和流程，评估开发新产品、对现有产品进行重大改动、拓展新的业务领域、设立新机构、从事重大收购和投资等可能带来的风险，并建立内部审批流程和退出安排，开展上述活动时，应当经风险管理部门审查同意，并经董事会或董事会指定的专门委员会批准。

二、管理信息系统和数据质量

银行业金融机构应当建立与业务规模、风险状况等相匹配的信息科技基础设施，应当具备完善的风险管理信息系统，能够在集团和法人层面计量、评估、展示、报告所有风险类别、产品和交易对手风险暴露的规模和构成。相关风险管理信息系统应当具备以下主要功能，支持风险报告和管理决策的需要：

1. 支持识别、计量、评估、监测和报告所有类别的重要风险；

2. 支持风险限额管理，对超出风险限额的情况进行实时监测、预警和控制；

3. 能够计量、评估和报告所有风险类别、产品和交易对手的风险状况，满足全面风险管理需要；

4. 支持按照业务条线、机构、资产类型、行业、地区、集中度等多个维度展示和报告风险暴露情况；

5. 支持不同频率的定期报告和压力情况下的数据加工和风险加总需求；

6. 支持压力测试工作，评估各种不利情景对银行业金融机构及主要业务条线的影响。

银行业金融机构应当建立健全数据质量控制机制，积累真实、准确、连续、完整的内部和外部数据，用于风险识别、计量、评估、监测、报告，以及资本和流动性充足情况的评估。

三、内部控制和审计

银行业金融机构应当合理确定各项业务活动和管理活动的风险控制点，采取适当的控制措施，执行标准统一的业务流程和管理流程，确保规范运作。

银行业金融机构应当将全面风险管理纳入内部审计范畴，定期审查和评价全面风险管理的充分性和有效性。

银行业金融机构内部审计活动应独立于业务经营、风险管理和合规管理，遵循独立性、客观性原则，不断提升内部审计人员的专业能力和职业操守。

全面风险管理的内部审计报告应当直接提交董事会和监事会。董事会应当针对内部审计发现的问题，督促高级管理层及时采取整改措施。内部审计部门应当跟踪检查整改措施的实施情况，并及时向董事会提交有关报告。

复习思考题

1. 简述商业银行业全面风险管理的内涵和基本原则。
2. 商业银行全面风险管理体系的要素有哪些？
3. 商业银行风险偏好包括哪些内容？
4. 商业银行风险管理政策和程序包括哪些内容？
5. 全面风险管理报告主要包括哪些内容？

第四章　风险监管核心指标与新资本协议实施

第一节

风险监管核心指标

一、基本构成

根据《商业银行风险监管核心指标（试行）》（2006），商业银行风险监管核心指标是对商业银行实施风险监管的基准，是评价、监测和预警商业银行风险的参照体系，其可分为风险水平、风险迁徙和风险抵补三个层次（具体参见表4－1），其中，风险水平类指标

表4－1　　商业银行风险监管核心指标一览表

指标类别		一级指标	二级指标	指标值
风险水平	流动性风险	1. 流动性比例		大于等于25%
		2. 核心负债比例		大于等于60%
		3. 流动性缺口率		大于等于－10%
	信用风险	4. 不良资产率		小于等于4%
			4.1 不良贷款率	小于等于5%
		5. 单一集团客户授信集中度		小于等于15%
			5.1 单一客户贷款集中度	小于等于10%
		6. 全部关联度		小于等于50%

续表

指标类别		一级指标	二级指标	指标值
风险水平	市场风险	7. 累计外汇敞口头寸比例		小于等于20%
		8. 利率风险敏感度		
	操作风险	9. 操作风险损失率		
风险迁徙	正常贷款	10. 正常贷款迁徙率	10.1 正常类贷款迁徙率 10.2 关注类贷款迁徙率	
	不良贷款	11. 不良贷款迁徙率	11.1 次级类贷款迁徙率 11.2 可疑类贷款迁徙率	
风险抵补	盈利能力	12. 成本收入比		小于等于35%
		13. 资产利润率		大于等于0.6%
		14. 资本利润率		大于等于11%
	准备金充足程度	15. 资产损失准备充足率	15.1 贷款损失准备充足率	大于100% 大于100%
	资本充足程度	16. 资本充足率	16.1 核心资本充足率	大于等于8% 大于等于4%

包括流动性风险指标、信用风险指标、市场风险指标和操作风险指标，以时点数据为基础，属于静态指标。风险迁徙类指标衡量商业银行风险变化的程度，表示为资产质量从前期到本期变化的比率，属于动态指标。风险迁徙类指标包括正常贷款迁徙率和不良贷款迁徙率。风险抵补类指标衡量商业银行抵补风险损失的能力，包括盈利能力、准备金充足程度和资本充足程度三个方面。

二、风险水平类指标

（一）流动性风险指标

流动性风险指标衡量商业银行流动性状况及其波动性，包括流动性比例、核心负债比例和流动性缺口率，按照本币和外币分别计算。

流动性比例为流动性资产余额与流动性负债余额之比，衡量商业银行流动性的总体水平，不应低于25%。核心负债比例为核心负债与负债总额之比，不应低于60%。流动性缺口率为90天内表内外流动性缺口与90天内到期表内外流动性资产之比，不应低于-10%。

（二）信用风险指标

信用风险指标包括不良资产率、单一集团客户授信集中度、全部关联度三类指标。不良资产率为不良资产与资产总额之比，不应高于4%。该项指标为一级指标，包括不良贷款率一个二级指标；不良贷款率为不良贷款与贷款总额之比，不应高于5%。单一集团客户授信集中度为最大一家集团客户授信总额与资本净额之比，不应高于15%。该项指标为一级指标，包括单一客户贷款集中度一个二级指标；单一客户贷款集中度为最大一家客户贷款总额与资本净额之比，不应高于10%。全部关联度为全部关联授信与资本净额之比，不应高于50%。

（三）市场风险指标

市场风险指标衡量商业银行因汇率和利率变化而面临的风险，包括累计外汇敞口头寸比例和利率风险敏感度。累计外汇敞口头寸比例为累计外汇敞口头寸与资本净额之比，不应高于20%，具备条件的商业银行可同时采用其他方法（比如在险价值法和基本点现值法）计量外汇风险。利率风险敏感度为利率上升200个基点对银行净值的影响与资本净额之比。

（四）操作风险指标

操作风险指标衡量由于内部程序不完善、操作人员差错或舞弊以及外部事件造成的风险，表示为操作风险损失率，即操作造成的损失与前三期净利息收入加上非利息收入平均值之比。

三、风险迁徙类指标

（一）正常贷款迁徙率

正常贷款迁徙率为正常贷款中变为不良贷款的金额与正常贷款之比，正常贷款包括正常类和关注类贷款。该项指标为一级指标，包括正常类贷款迁徙率和关注类贷款迁徙率两个二级指标。正常类贷款迁徙率为正常类贷款中变为后四类贷款的金额与正常类贷款之比，关注类贷款迁徙率为关注类贷款中变为不良贷款的金额与关注类贷款之比。

（二）不良贷款迁徙率

不良贷款迁徙率包括次级类贷款迁徙率和可疑类贷款迁徙率。次级类贷款迁徙率为次级类贷款中变为可疑类贷款和损失类贷款的金额与次级类贷款之比，可疑类贷款迁徙率为可疑类贷款中变为损失类贷款的金额与可疑类贷款之比。

四、风险抵补类指标

（一）盈利能力

盈利能力指标包括成本收入比、资产利润率和资本利润率。成本收入比为营业费用加折旧与营业收入之比，不应高于35%；资产利润率为税后净利润与平均资产总额之比，不应低于0.6%；资本利润率为税后净利润与平均净资产之比，不应低于11%。

（二）准备金充足程度

准备金充足程度指标包括资产损失准备充足率和贷款损失准备充足率。资产损失准备充足率为一级指标，为信用风险资产实际计提准备与应提准备之比，不应低于100%；贷款损失准备充足率为贷款实际计提准备与应提准备之比，不应低于100%，属二级指标。

（三）资本充足程度

资本充足程度指标包括核心资本充足率和资本充足率，核心资本充足率为核心资本与风险加权资产之比，不应低于4%；资本充足率为核心资本加附属资本与风险加权资产之比，不应低于8%。

第二节　商业银行的资本管理①

一、资本的定义及功能

（一）资本的定义

商业银行和其他公司、企业一样，申请开业的首要条件是必须筹足一定数量的资本。

① 《商业银行资本管理办法（试行）》（中国银监会令2012年第1号）。

但是商业银行资本的概念不同于一般公司、企业的资本概念。就一般公司、企业而言，资本是指所有权与经营权都属于自己的资金，即指拥有的产权（在会计上是指资产累计值与负债累计值的差额），是工商企业维持生产经营的主要物质条件和支撑力量。而商业银行的资本，除了产权资本外，还拥有一定比例的非产权资本，即债务资本。国际上通常定义为：银行股东为赚取利润而投入银行的货币和保留在银行中的收益。由于在银行的各项资金来源中，资本具有铺底的性质，是银行可独立运用的最可靠、最稳定的资金来源，所以是银行经营的基础。

（二）资本的功能

由于银行是经营货币信用的特殊企业，从而决定了银行资本主要功能与一般企业不同。具体从经营管理的角度来看，银行资本具有以下三大基本功能：

1. 营业功能

首先，资本是银行开业经营的先决条件，没有达到规定的资本金数额是不能注册的。银行要想取得管理当局的营业许可，必须满足一定金额的最低注册资本要求，尤其在申请开业时期，如能拥有相对充裕的资本，有关管理部门就会为该银行开业提供便利。其次，资本为银行开业提供了启动资金。如开业之前，银行建造或租赁营业场所、装备办公用品、雇佣管理者和职员等所需要的资金都只能来自资本，而不能用负债来解决。随着先进的通信工具的广泛使用，用资本金购置设备的比率将不断上升。最后，资本为银行的扩张和银行新业务的创新提供了资金，使银行得以扩大市场份额。

2. 保护功能

存款是银行赖以存在和发展的基础，银行吸收存款目的是通过贷款或投资取得盈利，但贷款或投资随时都有风险，一旦贷款或投资收不回来，银行资产就要遭受损失。这时银行首先要用日常收益去抵补，收益不够，则要用资本补偿。若银行资产损失超过银行资本所能承受的限度时，存款人利益就会受到损害，严重时银行将陷入资不抵债的困境，直至破产。所以银行资本是保护存款人利益、承担银行经营风险的保障。充足的银行资本金有助于树立公众对银行的信心，使存款人对存入银行的款项有安全感，使借款人在经济不景气时也有能被满足贷款需求的保障感。

3. 合规功能

合规功能是从银行资本是金融管理当局进行金融监管的重要参数，并进一步成为金融监管当局不可缺少的调控手段和调控风险业务的基础这一角度而言的。为了实施对国民经济的宏观调控，限制盲目和不正当竞争，维护金融秩序的稳定，各国金融监管当局都对银行资本制定了具体的规定和要求，如新建银行的最低资本额、新设分支机构的最低资本额以及资本与贷款、投资的比率等，以此控制商业银行的经营行为。且银行资本充足与否，也是获得金融监管当局认可与信任的重要因素。

二、资本构成

2012年6月10日，中国银监会发布了《商业银行资本管理办法（试行）》（以下简称《资本办法》）。《资本办法》吸收了国际金融监管改革的最新成果，坚持我国资本监管的成功经验，结合国内银行业实践，对现行资本监管制度进行全方位修订，构建了适度前瞻、反映国情、与国际标准接轨的资本监管新框架，着力提升资本监管有效性，推动银行业转变发展方式，增强银行体系稳健性。根据《资本办法》的规定，我国银行资本分为一级资本和二级资本，其中一级资本包括核心一级资本和其他一级资本，同时取消了专门用于抵御市场风险的三级资本。

（一）一级资本

1. 核心一级资本

核心一级资本是指在银行持续经营条件下无条件用来吸收损失的资本工具，具有永久性、清偿顺序排在所有其他融资工具之后的特征。核心一级资本工具的合格标准包括：

（1）直接发行且实缴的。

（2）按照相关会计准则，实缴资本的数额被列为权益，并在资产负债表上单独列示和披露。

（3）发行银行或其关联机构不得提供抵押或保证，也不得通过其他安排使其在法律或经济上享有优先受偿权。

（4）没有到期日，且发行时不应造成该工具将被回购、赎回或取消的预期，法律和合同条款也不应包含产生此种预期的规定。

（5）在进入破产清算程序时，受偿顺序排在最后。所有其他债权偿付后，对剩余资产按所发行股本比例清偿。

（6）该部分资本应首先并按比例承担绝大多数损失，在持续经营条件下，所有最高质量的资本工具都应按同一顺序等比例吸收损失。

（7）收益分配应当来自可分配项目。分配比例完全由银行自由裁量，不以任何形式与发行的数额挂钩，也不应设置上限，但不得超过可分配项目的数额。

（8）在任何情况下，收益分配都不是义务，且不分配不得被视为违约。

（9）不享有任何优先收益分配权，所有最高质量的资本工具的分配权都是平等的。

（10）发行银行不得直接或间接为购买该工具提供融资。

（11）发行必须得到发行银行的股东大会，或经股东大会授权的董事会或其他人员批准。

核心一级资本工具包括以下几种：

（1）实收资本或普通股，即投资者按照章程或合同、协议的约定，实际投入商业银行的资本。

（2）资本公积，即银行在筹集资本金过程中，投资者缴付的出资额超出注册资本部分、法定资产重估增值及接受捐赠的资产等原因所增加的资本。

（3）盈余公积，即银行按规定每年从税后利润中提取的，商业银行自我发展的一种积累。盈余公积包括：①法定盈余公积金（按税后利润10%提取，累计达到注册资本的50%时不再提取），可用于弥补亏损或转增资本金，但转增时，以转增后银行的法定盈余公积金不少于注册资本的25%为限；②任意盈余公积金，可按银行章程或股东会议的决议提取和使用。

（4）一般风险准备，即用于弥补尚未识别的可能性损失的准备。

（5）未分配利润，即商业银行以前年度实现的未分配利润和未弥补亏损。

（6）少数股东资本可计入部分，即用于满足核心一级资本最低要求和储备资本要求的部分，其中最低要求和储备资本要求为下面两项中较小者：①附属公司核心一级资本最低要求加储备资本要求；②母公司并表核心一级资本最低要求与储备资本要求归属于附属公司的部分。

2. 其他一级资本

其他一级资本是非累积性的、永久性的、不带有利率跳升及其他赎回条款，本金和收益都应在银行持续经营条件下参与吸收损失的资本工具。其他一级资本工具的合格标准包括：

（1）发行且实缴的。

（2）按照相关会计准则，若该工具被列为负债，必须具有本金吸收损失的能力。

（3）受偿顺序排在存款人、一般债权人和次级债务之后。

（4）发行银行或其关联机构不得提供抵押或保证，也不得通过其他安排使其相对于发行银行的债权人在法律或经济上享有优先受偿权。

（5）没有到期日，并且不得含有利率跳升机制及其他赎回激励。

（6）自发行之日起，至少5年后方可由发行银行赎回，但发行银行不得形成赎回权将被行使的预期，且行使赎回权应得到银监会的事先批准。

（7）发行银行赎回其他一级资本工具，应符合以下要求：①使用同等或更高质量的资本工具替换被赎回的工具，并且只有在收入能力具备可持续性的条件下才能实施资本工具的替换。②行使赎回权后的资本水平仍明显高于银监会规定的监管资本要求。

（8）本金的偿付必须得到银监会的事先批准，并且发行银行不得假设或形成本金偿付将得到银监会批准的市场预期。

（9）任何情况下发行银行都有权取消资本工具的分红或派息，且不构成违约事件。发行银行可以自由支配取消的收益用于偿付其他到期债务。取消分红或派息除构成对普通股的收益分配限制以外，不得构成对发行银行的其他限制。

（10）必须含有减计或转股的条款，当触发事件发生时，该资本工具能立即减计或者转为普通股。

（11）分红或派息必须来自可分配项目，且分红或派息不得与发行银行自身的评级挂钩，也不得随着评级变化而调整。

（12）不得包含妨碍发行银行补充资本的条款。

（13）发行银行及受其控制或有重要影响的关联方不得购买该工具，且发行银行不得直接或间接为购买该资本工具提供融资。

（14）某项资本工具不是由经营实体或控股公司发行的，发行所筹集的资金必须无条件立即转移给经营实体或控股公司，且转移的方式必须至少满足前述其他一级资本工具的合格标准。

其他一级资本包括以下两种：

（1）其他一级资本工具及其溢价。

（2）少数股东资本可计入部分，即用于满足一级资本最低要求和储备资本要求的部分，扣除已计入并表核心一级资本的部分后，剩余部分可以计入并表其他一级资本。其中最低要求和储备资本要求为下面两项中较小者：①附属公司一级资本最低要求加储备资本要求；②母公司并表一级资本最低要求与储备资本要求归属于附属公司的部分。

（二）二级资本

二级资本是指在破产清算条件下可以用于吸收损失的资本工具，二级资本的受偿顺序列在普通股之前、一般债权人之后，不带赎回机制，不允许设定利率跳升条款，收益不具有信用敏感性特征，必须含有减计或转股条款。二级资本工具的合格标准包括：

（1）发行且实缴的。

（2）受偿顺序排在存款人和一般债权人之后。

（3）不得由发行银行或其关联机构提供抵押或保证，也不得通过其他安排使其相对于发行银行的存款人和一般债权人在法律或经济上享有优先受偿权。

（4）原始期限不低于 5 年，并且不得含有利率跳升机制及其他赎回激励。

（5）自发行之日起，至少 5 年后方可由发行银行赎回，但发行银行不得形成赎回权将被行使的预期，且行使赎回权必须得到银监会的事先批准。

（6）商业银行的二级资本工具，应符合以下要求：①使用同等或更高质量的资本工具替换被赎回的工具，并且只有在收入能力具备可持续性的条件下才能实施资本工具的替换。②行使赎回权后的资本水平仍明显高于银监会规定的监管资本要求。

（7）必须含有减计或转股的条款，当触发事件发生时，该工具能立即减计或者转为普通股。触发事件是指以下两者中的较早者：①银监会认定若不进行减计该银行将无法生存；②银监会认定若不进行公共部门注资或提供同等效力的支持该银行将无法生存。

（8）除非商业银行进入破产清算程序，否则投资者无权要求加快偿付未来到期债务（本金或利息）。

（9）分红或派息必须来自可分配项目，且分红或派息不得与发行银行自身的评级挂钩，也不得随着评级变化而调整。

（10）发行银行及受其控制或有重要影响的关联方不得购买该工具，且发行银行不得直接或间接为购买该工具提供融资。

（11）某项资本工具不是由经营实体或控股公司发行的，发行所筹集的资金必须无条件立即转移给经营实体或控股公司，且转移的方式必须至少满足前述二级资本工具的合格标准。

二级资本工具包括以下三种：

（1）二级资本工具及其溢价。

（2）超额贷款损失准备。超额贷款损失准备计入二级资本分为两种情形：①商业银行采用权重法计量信用风险加权资产的，超额贷款损失准备可计入二级资本，但不得超过信用风险加权资产的 1.25%。上述所称超额贷款损失准备是指商业银行实际计提的贷款损失准备超过最低要求的部分。贷款损失准备最低要求指 100% 拨备覆盖率对应的贷款损失准备和应计提的贷款损失专项准备两者中的较大者。②商业银行采用内部评级法计量信用风险加权资产的，超额贷款损失准备可计入二级资本，但不得超过信用风险加权资产的 0.6%。这里的超额贷款损失准备是指商业银行实际计提的贷款损失准备超过预期损失的部分。

（3）少数股东资本可计入部分，即用于满足总资本最低要求和储备资本要求的部分，扣除已计入并表一级资本的部分后，剩余部分可以计入并表二级资本。最低要求和储备资本要求为下面两项中较小者：①附属公司总资本最低要求加储备资本要求；②母公司并表总资本最低要求与储备资本要求归属于附属公司的部分。

（三）资本扣减项

计算资本充足率时，银行应当从核心一级资本中全额扣除以下项目，这是监管资本会计意义上与资本的最大区别：①商誉；②其他无形资产（土地使用权除外）；③由经营亏损引起的净递延税资产（其他依赖于本银行未来盈利的净递延税资产，超出本行核心一级资本净额10%的部分应从核心一级资本中扣除；未在商业银行核心一级资本中扣除的对金融机构的大额少数资本投资和相应的净递延税资产，合计金额不得超过本行核心一级资本净额的15%）；④贷款损失准备缺口（商业银行采用权重法计量信用风险加权资产的，贷款损失准备缺口是指商业银行实际计提的贷款损失准备低于贷款损失准备最低要求的部分；商业银行采用内部评级法计量信用风险加权资产的，贷款损失准备缺口是指商业银行实际计提的贷款损失准备低于预期损失的部分）；⑤资产证券化销售利得；⑥确定受益类的养老金资产净额；⑦直接或间接持有本银行的股票；⑧对资产负债表中未按公允价值计量的项目进行套期形成的现金流储备，若为正值，应予以扣除，若为负值，应予以加回；⑨商业银行自身信用风险变化导致其负债公允价值变化带来的未实现损益。

商业银行之间通过协议相互持有的各级资本工具，或银监会认定为虚增资本的各级资本投资，应从相应监管资本中对应扣除。商业银行直接或间接持有本银行发行的其他一级资本工具和二级资本工具，应从相应的监管资本中对应扣除。商业银行某一级资本净额小于应扣除数额的，缺口部分应从更高一级的资本净额中扣除。

此外，商业银行对未并表金融机构的小额少数资本投资，合计超出本银行核心一级资本净额10%的部分，应从各级监管资本中对应扣除。商业银行对未并表金融机构的大额少数资本投资中，核心一级资本投资合计超出本行核心一级资本净额10%的部分应从本银行核心一级资本中扣除；其他一级资本投资和二级资本投资应从相应层级资本中全额扣除。

三、资本充足率

（一）资本充足率计算

资本充足率是保证银行正常运营和发展所必需的资本比率，是银行总资本与风险加权资产之间的比率。资本充足率主要分为一级资本充足率和核心一级资本充足率，前者是银行持有的一级资本与风险加权资产之间的比率；后者是银行持有的核心一级资本与风险加权资产之间的比率。具体计算公式如下：

$$资本充足率=\frac{总资本-对应资本扣减项}{风险加权资产}\times 100\%$$

$$一级资本充足率 = \frac{一级资本 - 对应资本扣减项}{风险加权资产} \times 100\%$$

$$核心一级资本充足率 = \frac{核心一级资本 - 对应资本扣减项}{风险加权资产} \times 100\%$$

其中，商业银行总资本包括核心一级资本、其他一级资本和二级资本；商业银行风险加权资产包括信用风险加权资产、市场风险加权资产和操作风险加权资产。

商业银行经营的本质是盈利，因而资本充足率一般不必过高，过高的资本充足率说明银行有太多的闲置资本，减少了它的盈利机会。但是资本充足率也不能过低，过低的资本充足率表明银行抵御风险的能力不足，所面临的风险也就越大。因此，最优的选择是保持适当的资本充足率，既能应对金融风险，又不会有太多的富余资金。资本充足率是衡量一家银行抗风险能力的重要指标，对于银行运营的监管和风险防范发挥了很大作用，拥有适当的资本充足率是银行安全乃至整个国家金融安全的重要保证。

（二）资本充足率的监管标准

目前我国商业银行资本充足率监管要求包括最低资本要求、储备资本和逆周期资本要求、系统重要性银行附加资本要求以及第二支柱资本要求。

在最低资本要求方面，核心一级资本充足率不得低于5%；一级资本充足率不得低于6%；资本充足率不得低于8%。

在储备资本和逆周期资本要求方面，银行应当在最低资本要求的基础上计提储备资本，储备资本要求为风险加权资产的2.5%，由核心一级资本来满足。特定情况下，银行应当在最低资本要求和储备资本要求之上计提逆周期资本。逆周期资本要求为风险加权资产的0—2.5%，由核心一级资本来满足。

在系统重要性银行附加资本要求方面，国内系统重要性银行附加资本要求为风险加权资产的1%，由核心一级资本满足。若我国银行被认定为全球系统重要性银行，所适用的附加资本要求不得低于巴塞尔委员会的统一规定。

在第二支柱资本要求方面，银监会有权在第二支柱框架下提出更审慎的资本要求，确保资本充分覆盖风险，包括：（1）根据风险判断，针对部分资产组合提出的特定资本要求；（2）根据监督检查结果，针对单家银行提出的特定资本要求。

四、杠杆率

（一）杠杆率要求的提出

由于在国际金融危机中很多国际大型活跃银行的资本充足率指标并没有真实反映金融

机构的资本充足情况和杠杆程度，其与杠杆率出现了较大程度背离。作为以风险为基础的资本充足率的有益补充，杠杆率是一个更为简单的指标，衡量金融体系杠杆的积累。2010年12月，巴塞尔委员会发布了《第三版巴塞尔协议》，对杠杆率的目标、定义、基本构成、计量方法和过渡期安排做出了规定。

据此，银监会于2011年6月发布了《商业银行杠杆率管理办法》（以下简称《办法》），确立了我国银行业杠杆率监管政策的总体框架。为解决由于各国会计准则存在差异，对杠杆率框架下衍生产品、证券融资交易等敞口的计量方法存在不同理解，影响了杠杆率指标全球实施一致性问题，巴塞尔委员会于2014年1月发布了《第三版巴塞尔协议杠杆率框架和披露要求》，对杠杆率国际规则进行了修订。原银监会根据巴塞尔委员会的杠杆率新规则，结合近年来《办法》在我国的实施情况，在广泛调研、充分论证、认真测算的基础上，对《办法》进行了修订，新的《商业银行杠杆率管理办法（修订）》（中国银监令2015年第1号）积极吸收了杠杆率框架的最新要求，规定了杠杆率监管的基本原则、杠杆率的计算方法、披露要求和监督管理等。

（二）杠杆率指标的计算

杠杆率是指商业银行持有的、符合有关规定的一级资本净额与商业银行调整后的表内外资产余额的比率。其计算公式为：

$$\text{杠杆率}=\frac{\text{一级资本}-\text{一级资本扣减项}}{\text{调整后的表内外资产余额}}\times 100\%$$

其中，一级资本和一级资本扣减项为前述《商业银行资本管理办法（试行）》所定义的一级资本和一级资本扣减项。调整后的表内外资产余额计算公式由如下：

调整后的表内外资产余额＝调整后的表内资产余额（不包括表内衍生产品和证券融资交易）＋衍生产品资产余额＋证券融资交易资产余额＋调整后的表外项目余额－一级资本扣减项

从调整后的表内外资产余额中扣除的一级资本扣减项不包括商业银行因自身信用风险变化导致其负债公允价值变化带来的未实现损益。

商业银行在计算调整后的表内外资产余额时，除本办法另有规定外，不考虑抵质押品、保证和信用衍生产品等信用风险缓释因素。

（三）系统重要性银行杠杆率缓冲要求

巴塞尔委员会于2017年发布的《第三版巴塞尔协议最终方案》，对全球系统重要性银行提出了更高的杠杆率要求。资本充足率监管中，对于全球系统重要性银行实施了差别监管，全球系统重要性银行需要在一级资本中额外计提 1%—3.5% 的附加资本。为了与上述做法保持一致，《第三版巴塞尔协议最终方案》对全球系统重要性银行提出了比一般银行更高的杠杆率缓冲要求（Leverage Ratio Buffer），即：

全球系统重要性银行的杠杆率最低要求 = 一般银行杠杆率最低要求 + 50% × 系统重要性银行附加资本要求

目前，巴塞尔委员会将全球系统重要性银行分为 5 个组别，资本附加要求分别为 1%、1.5%、2%、2.5%、3.5%，一般银行的杠杆率国际标准最低为 3%，因此要求的最高杠杆率为 4.75%（3% +3.5%/2）。

复习思考题

1. 简述商业银行风险监管核心指标的构成。
2. 简述银行资本的三大基本功能。
3. 核心一级资本工具的合格标准有哪些？
4. 二级资本工具包括哪些内容？
5. 简述我国商业银行资本充足率监管要求。

第五章　信用风险管理

第一节

信用风险的计量

一、信用风险的内涵与成因

信用风险是指债务人或交易对手未能履行合同规定的义务，或信用质量发生变化而影响金融产品价值，从而给债权人或金融产品持有人造成经济损失的风险。狭义的信用风险是指因交易对手无力履行合约而造成经济损失的风险，即违约风险。

对大多数商业银行来说，贷款是最主要的信用风险来源。但事实上，信用风险既存在于传统的贷款、债券投资等表内业务中，又存在于信用担保、贷款承诺及衍生产品交易等表外业务中。信用风险对基础金融产品和衍生产品的影响不同，对基础金融产品（如债券、贷款）而言，信用风险造成的损失最多是其债务的全部账面价值；而对衍生产品而言，对手违约造成的损失虽然会小于衍生产品的名义价值，但由于衍生产品的名义价值通常十分巨大、市场价值随市场变化而波动，因此潜在的风险损失不容忽视。

二、信用风险加权资产的计量方法

根据《商业银行资本管理办法（试行）》，商业银行可以采用权重法或内部评级法计量信用风险加权资产，其基本原理与思路参见图5-1。

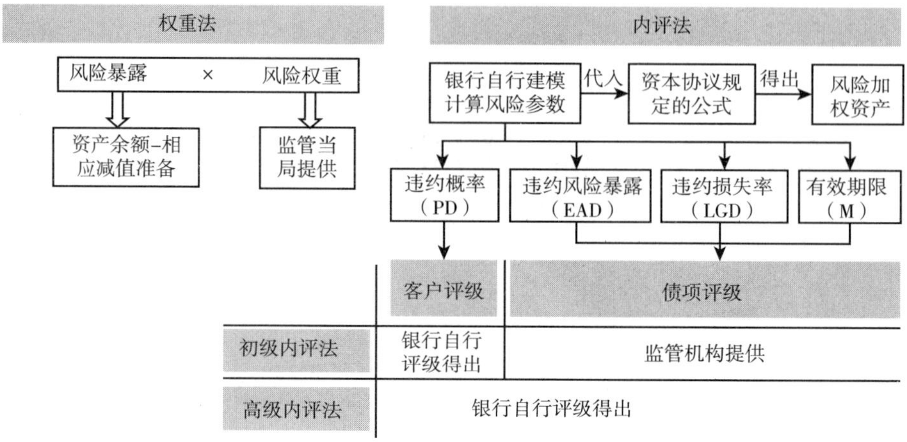

图5-1 信用风险加权资产的计量方法

三、基于权重法计量信用风险加权资产

权重法是指银行将全部资产按照监管规定的类别进行分类，并采用监管规定的风险权重计量信用风险加权资产的方法。权重法下信用风险加权资产为银行账户表内资产信用风险加权资产与表外项目信用风险加权资产之和。

（一）表内资产信用风险加权资产

在计量各类表内资产的风险加权资产时，应该首先从资产账面价值中扣除相应的减值准备，然后乘以各自的风险权重。

权重法下表内资产分为：现金及现金等价物；对我国中央政府和中央银行的债权；对我国公共部门实体的债权；对我国政策性银行的债权；持有我国中央政府投资的金融资产管理公司的债权；对我国其他商业银行的债权；对我国其他金融机构的债权；对境外主权和金融机构债权；对多边并发银行、国际清算银行和国际货币基金组织的债权；一般企业的债权；对微型和小型企业的债权；对个人的债权；租赁资产余值；股权投资；非自用不动产；其他资产等。每一类资产的相应权重参见表5-1。

（二）表外项目信用风险加权资产

在计量各类表外项目的风险加权资产的时候，应该将表外项目名义金额乘以信用转换系数得到等值的表内资产，再按表内资产的处理方式计量风险加权资产。表外资产项目信用转换系数已根据《商业银行大额风险暴露管理办法》附件进行调整，详见表5－2。

表5－1 表内资产风险权重

项目	权重
1. 现金类资产	
1.1 现金	0%
1.2 黄金	0%
1.3 存放中国人民银行款项	0%
2. 对中央政府和中央银行的债权	
2.1 对我国中央政府的债权	0%
2.2 对中国人民银行的债权	0%
2.3 对评级AA－（含AA－）以上的国家或地区的中央政府和中央银行的债权	0%
2.4 对评级AA－以下，A－（含A－）以上的国家或地区的中央政府和中央银行的债权	20%
2.5 对评级A－以下，BBB－（含BBB－）以上的国家或地区的中央政府和中央银行的债权	50%
2.6 对评级BBB－以下，B－（含B－）以上的国家或地区的中央政府和中央银行的债权	100%
2.7 对评级B－以下的国家或地区的中央政府和中央银行的债权	150%
2.8 对未评级的国家或地区的中央政府和中央银行的债权	100%
3. 对我国公共部门实体的债权	20%
4. 对我国金融机构的债权	
4.1 对我国政策性银行的债权（不包括次级债权）	0%
4.2 对我国中央政府投资的金融资产管理公司的债权	
4.2.1 持有我国中央政府投资的金融资产管理公司为收购国有银行不良贷款而定向发行的债券	0%
4.2.2 对我国中央政府投资的金融资产管理公司的其他债权	100%
4.3 对我国其他商业银行的债权（不包括次级债权）	
4.3.1 原始期限3个月以内	20%
4.3.2 原始期限3个月以上	25%
4.4 对我国商业银行的次级债权（未扣除部分）	100%
4.5 对我国其他金融机构的债权	100%
5. 对在其他国家或地区注册的金融机构和公共部门实体的债权	
5.1 对评级AA－（含AA－）以上国家或地区注册的商业银行和公共部门实体的债权	25%
5.2 对评级AA－以下，A－（含A－）以上国家或地区注册的商业银行和公共部门实体的债权	50%
5.3 对评级A－以下，B－（含B－）以上国家或地区注册的商业银行和公共部门实体的债权	100%
5.4 对评级B－以下国家或地区注册的商业银行和公共部门实体的债权	150%
5.5 对未评级的国家或地区注册的商业银行和公共部门实体的债权	100%
5.6 对多边开发银行、国际清算银行及国际货币基金组织的债权	0%
5.7 对其他金融机构的债权	100%
6. 对一般企业的债权	100%
7. 对符合标准的微型和小型企业的债权	75%

续表

项目	权重
8. 对个人的债权	
8.1 个人住房抵押贷款	50%
8.2 对已抵押房产，在购房人没有全部归还贷款前，商业银行以再评估后的净值为抵押追加贷款的，追加的部分	150%
8.3 对个人的其他债权	75%
9. 租赁资产余值	100%
10. 股权	
10.1 对金融机构的股权投资（未扣除部分）	250%
10.2 被动持有的对工商企业的股权投资	400%
10.3 因政策性原因并经国务院特别批准的对工商企业的股权投资	400%
10.4 对工商企业的其他股权投资	1250%
11. 非自用不动产	
11.1 因行使抵押权而持有并在法律规定处分期限内的非自用不动产	100%
11.2 其他非自用不动产	1250%
12. 其他	
12.1 依赖于银行未来盈利的净递延税资产（未扣除部分）	250%
12.2 其他表内资产	100%

表 5-2　　　　表外项目信用转换系数表

项目	信用转换系数
1. 等同于贷款的授信业务（包括一般负债担保、承兑汇票、具有承兑性质的背书及融资性保函等）	100%
2. 贷款承诺	
2.1 原始期限不超过1年的贷款承诺	20%
2.2 原始期限1年以上的贷款承诺	50%
2.3 可随时无条件撤销的贷款承诺	10%
3. 未使用的信用卡授信额度	
3.1 一般未使用额度	50%
3.2 符合标准的未使用额度	20%
4. 票据发行便利	50%
5. 循环认购便利	50%
6. 银行借出的证券或用作抵押物的证券	100%
7. 与贸易直接相关的短期或有项目（主要指有优先索偿权的装运货物作抵押的跟单信用证）	20%
8. 与交易直接相关的或有项目（包括投标保函、履约保函、预付保函、预留金保函等）	50%
9. 信用风险仍在银行的资产销售与购买协议（包括资产回购协议和有追索权的资产销售）	100%
10. 远期资产购买、远期定期存款、部分交款的股票及证券	100%
11. 其他表外项目	100%

（三）证券、商品、外汇交易清算过程中形成的风险暴露

1. 货款对付模式下的信用风险加权资产计算

货款对付模式指在结算日，证券和资金、资金和资金进行实时同步、最终一致、不可撤销的交收。货款对付模式下信用风险加权资产为：

$RWA = E \times R \times 12.5$

其中，RWA 为货款对付模式下信用风险加权资产；E 为货款对付模式下，因合约结算价格与当期市场价格差异而产生的风险暴露；R 为与延迟交易时间相关的资本计提比例，具体见表 5－3。

表 5－3　货款对付模式下交易对手信用风险资本计提比例

自合约结算日起延迟交易的交易日数	资本计提比例
4（含）个交易日以内	0%
5—15（含）个交易日	8%
16—30（含）个交易日	50%
31—45（含）个交易日	75%
46（含）个交易日以上	100%

2. 非货款对付模式下信用风险加权资产计算

非货款对付模式下，因商业银行已执行支付，而交易对手未在约定日期支付而产生的风险暴露：自商业银行执行支付之日起，交易对手未支付部分视同对该交易对手的债权进行处理；自交易对手应履行支付义务之日起，5 个交易日后，交易对手仍未支付部分的风险权重为 1250%。

四、内部评级法

根据《商业银行资本管理办法（试行）》，内部评级法分为初级法和高级法。采用内部评级初级法的银行应自行估计违约概率，违约损失率、违约风险暴露和有效期限等由监管部门规定。采用高级法的银行应该估计违约概率、违约损失率、违约风险暴露和有效期限。但对于零售类风险暴露，不区分初级法和高级法，即银行都要自行估计违约概率、违约损失率和违约风险暴露。

（一）信用风险暴露分类

商业银行进行内部评级之前，首先要按照风险暴露的属性对银行账户信用风险暴露进

行分类，并至少分为以下六类：

1. 主权风险暴露

主权风险暴露是指对主权国家或经济实体区域及其中央银行、公共部门实体，以及多边开发银行、国际清算银行和国际货币基金组织等的债权。

2. 金融机构风险暴露

金融机构风险暴露是指商业银行对金融机构的债权。根据金融机构的不同属性，商业银行应将金融机构风险暴露分为银行类金融机构风险暴露和非银行类金融机构风险暴露。

3. 公司风险暴露

公司风险暴露是指商业银行对公司、合伙制企业和独资企业及其他非自然人的债权，但不包括对主权、金融机构和纳入零售风险暴露的企业的债权。根据债务人类型及其风险特征，公司风险暴露分为中小企业风险暴露、专业贷款和一般公司风险暴露。

中小企业风险暴露是商业银行对年营业收入（近3年营业收入的算术平均值）不超过3亿元人民币的企业的债权。

专业贷款是指公司风险暴露中同时具有如下特征的债权：

（1）债务人通常是一个专门为实物资产融资或运作实物资产而设立的特殊目的实体。

（2）债务人基本没有其他实质性资产或业务，除了从被融资资产中获得的收入外，没有独立偿还债务的能力。

（3）合同安排给予贷款银行对融资形成的资产及其所产生的收入有相当程度的控制权。

专业贷款划分为项目融资、物品融资、商品融资和产生收入的房地产贷款。一般公司风险暴露是指中小企业风险暴露和专业贷款之外的其他公司风险暴露。

4. 零售风险暴露

零售风险暴露应同时具有如下特征：债务人是一个或几个自然人；笔数多，单笔金额小；按照组合方式进行管理。

零售风险暴露分为个人住房抵押贷款、合格循环零售风险暴露、其他零售风险暴露三大类。商业银行可以根据自身业务状况和管理实际，在上述基础上做进一步细分。

（1）个人住房抵押贷款是指以购买个人住房为目的并以所购房产为抵押的贷款。

（2）合格循环零售风险暴露指各类无担保的个人循环贷款。合格循环零售风险暴露中对单一客户最大信贷余额不超过100万元人民币。

（3）其他零售风险暴露是指除个人住房抵押贷款和合格循环零售风险暴露之外的其他对自然人的债权。符合规定的对微型和小型企业的风险暴露，可纳入其他零售风险暴露。

5. 股权风险暴露

股权风险暴露是指商业银行直接或间接持有的股东权益。纳入股权风险暴露的金融工具应同时满足如下条件：

（1）持有该项金融工具获取收益的主要来源是未来资本利得，而不是随时间所产生的收益。

（2）该项金融工具不可赎回，不属于发行方的债务。

（3）对发行方资产或收入具有剩余索取权。

6. 其他风险暴露

其他风险暴露主要包括购入应收账款和资产证券化风险暴露。

购入应收账款是指销售方将其现在或将来的基于其与买入方订立的商品、产品或劳务销售合同所产生的应收账款，根据契约关系以有追索权或无追索权方式转让给商业银行所形成的资产。购入应收账款可分为合格购入公司应收账款和合格购入零售应收账款。合格购入零售应收账款纳入零售风险暴露。合格购入公司应收账款原则上应纳入公司风险暴露，商业银行也可将合格购入公司应收账款作为单独一类风险暴露。

资产证券化风险暴露是指商业银行因从事资产证券化业务而形成的表内外风险暴露。资产证券化风险暴露包括但不限于资产支持证券、住房抵押贷款证券、信用增级、流动性便利、利率或货币互换、信用衍生工具和分档次抵补。储备账户如果作为发起机构的资产，应当视同于资产证券化风险暴露。储备账户包括但不限于现金抵押账户和利差账户。

（二）信用风险的内部评级体系

1. 概要介绍

根据《商业银行资本管理办法（试行）》附件5《信用风险内部评级体系监管要求》，内部评级体系包括对主权、金融机构和公司风险暴露（这三者又统称为非零售风险暴露）的内部评级体系和零售风险暴露的风险分池体系。

商业银行的内部评级体系应能有效识别信用风险，具备稳健的风险区分和排序能力，并准确量化风险。内部评级体系包括以下基本要素：

（1）内部评级体系的治理结构，保证内部评级结果客观性和可靠性。

（2）非零售风险暴露内部评级和零售风险暴露风险分池的技术标准，确保非零售风险暴露每个债务人和债项划入相应的风险级别，确保每笔零售风险暴露划入相应的资产池。

（3）内部评级的流程，保证内部评级的独立性和公正性。

（4）风险参数的量化，将债务人和债项的风险特征转化为违约概率、违约损失率、违约风险暴露和期限等风险参数。

（5）IT 和数据管理系统，收集和处理内部评级相关信息，为风险评估和风险参数量化提供支持。

2. 非零售风险暴露内部评级体系的基本要求

商业银行应通过内部评级确定每个非零售风险暴露债务人和债项的风险等级。商业银行可以对低风险业务或不能满足评级条件的风险暴露采取灵活的处理方法，但评级政策应详细说明处理方式，并报银保监会备案。

商业银行债务人评级范围应包括所有债务人与保证人。同一交易对手，无论是作为债务人还是保证人，在商业银行内部只能有一个评级。

商业银行应对承担信用风险的每笔债项所对应的所有债务人和保证人分别评级，并对非零售风险暴露债务人的每笔债项进行评级。

商业银行可以采用计量模型方法、专家判断方法或综合使用两种方法进行评级。商业银行对不同非零售风险暴露可选用不同方法，但应向银保监会证明所选方法能够准确反映评级对象的风险特征。

非零售风险暴露内部评级的技术要求包括评级维度、评级结构、评级方法论和评级时间跨度、评级标准、模型使用和文档化管理等方面。

3. 零售风险暴露风险分池体系的基本要求

商业银行应建立零售风险暴露的风险分池体系，制定书面政策，确保对每笔零售风险暴露进行准确、可靠的区分，并分配到相应的资产池中。风险分池政策应详细说明对一些特殊零售风险暴露的处理方式，包括不再推广但仍然存续的产品、暂无风险分池方法和标准的新产品等。

商业银行应对已违约和未违约的零售风险暴露分别进行风险划分；对不同国家的零售风险暴露，应分别进行风险划分，如商业银行能够证明，不同国家零售风险暴露的风险具有同质性，经银保监会认可，可不单独分池。

商业银行应选择可靠的风险因素进行风险分池，这些因素应同时用于零售业务信用风险的管理。商业银行选择风险因素时，可以采用统计模型、专家判断或综合使用两种方法。

零售风险暴露的风险分池应同时反映债务人和债项主要风险特征。同一池中零售风险暴露的风险程度应保持一致，风险特征包括但不限于下列因素：

（1）债务人风险特征，包括债务人类别和人口统计特征等，如收入状况、年龄、职业、客户信用评分、地区等。

（2）债项风险特征，包括产品和抵质押品的风险特征，如抵质押方式、抵质押比例、担保、优先性、账龄等。

（3）逾期信息。

商业银行应确保每个资产池中汇集足够多的同质风险暴露，并能够用于准确、一致地估计该池的违约概率、违约损失率和违约风险暴露。

在确保有效区分风险的前提下，商业银行可以灵活地选择风险分池方法。商业银行风险分池方法应保证分池的稳定性和一致性，如果出现零售风险暴露在资产池之间频繁调整的情况，商业银行应审查风险分池方法。

商业银行应保证零售风险暴露在资产池之间保持合理分布，避免单个池中零售风险暴露过于集中。若单个资产池中风险暴露超过该类零售风险暴露总量的30%，商业银行应向银保监会证明该资产池中风险暴露具有风险同质性，并且不会影响估计该池的风险参数。

对于个人住房抵押贷款和合格循环零售风险暴露，至少每年重新确定一次存量客户的分池；按照归入零售风险暴露小企业的标准，至少每年重新确定一次归入零售风险暴露的小企业名单。

零售风险暴露风险分池的技术要求包括风险分池方法、风险分池标准和文档化管理。

（三）信用风险参数的估计

1. 违约概率的估计

违约概率（Probability of Default，PD）是指借款人在未来一定时期内发生违约的可能性。主权风险暴露的违约概率为商业银行内部估计的1年期违约概率。公司、金融机构和零售风险暴露的违约概率为商业银行内部估计的1年期违约概率与0.03%中的较大值。违约概率是实施内部评级法的商业银行需要准确估计的重要风险要素，无论是采用初级法还是高级法，都必须按照监管要求估计违约概率。

商业银行估计每个级别平均违约概率时，应使用合适的信息、方法并适当考虑长期违约经验。商业银行应采用与数据基础一致的估计技术，确保估计能准确反映违约概率。商业银行可采用内部违约经验、映射外部数据和统计违约模型等技术估计平均违约概率。商业银行可选择一项主要技术，辅以其他技术作比较，并进行可能的调整。针对信息和技术的局限性，商业银行可运用专家判断对估值结果进行调整。

（1）内部违约经验。商业银行可使用内部违约经验估计违约概率。商业银行应证明估计的违约概率反映了历史数据对应时期的授信标准以及评级体系和当前的差异。在数据有限或授信标准、评级体系发生变化的情况下，商业银行应留出保守的、较大的调整余地。

商业银行可以采用多家银行汇集的数据，但应证明，风险暴露池中其他商业银行的内部评级体系和标准能够与本银行比较。

（2）映射外部数据。商业银行可将内部评级映射到外部信用评级机构或类似机构的评级，将外部评级的违约概率作为内部评级的违约概率。评级映射应建立在内部评级标准与外部机构评级标准可比，并且对同样的债务人内部评级和外部评级可相互比较的基础上。商业银行应避免映射方法或基础数据存在偏差和不一致的情况，所使用的外部评级量化风险数据应针对债务人的违约风险，而不反映债项的特征。

（3）统计违约模型。对任一级别的债务人，商业银行可以使用违约概率预测模型得到的每个债务人违约概率的简单平均值作为该级别的违约概率。

2. 违约损失率的估计

违约损失率（Loss Given Default，LGD）指某一债项违约导致的损失金额占该违约债项风险暴露的比例，即损失占风险暴露总额的百分比。商业银行应当按照以下方法确定违约损失率：

商业银行采用初级内部评级法，非零售风险暴露中没有合格抵质押品的高级债权和次级债权的违约损失率分别为45%和75%。对于提供合格抵质押品的高级债权和从属于净额结算主协议的回购交易，商业银行可以根据风险缓释效应调整违约损失率。

商业银行采用高级内部评级法，应使用内部估计的单笔非零售风险暴露的违约损失率。

商业银行应使用内部估计的零售资产池的违约损失率。

3. 违约风险暴露的估计

违约风险暴露（Exposure at Default，EAD）指债务人违约时预期表内和表外项目的风险暴露总额。商业银行应当按照以下方法确定违约风险暴露：

商业银行采用初级内部评级法，应当按风险暴露名义金额计量表内资产的违约风险暴露，但可以考虑合格净额结算的风险缓释效应。

商业银行采用初级内部评级法，贷款承诺、票据发行便利、循环认购便利等表外项目的信用转换系数为75%；可随时无条件撤销的贷款承诺信用转换系数为0%；其他各类表外项目的信用转换系数参见前述表5－2。

商业银行采用高级内部评级法，应当使用内部估计的非零售违约风险暴露。对于按照表5－2规定的信用转换系数为100%的表外项目，应使用100%的信用转换系数估计违约风险暴露。

商业银行应当使用内部估计的零售违约风险暴露。对于表外零售风险暴露，商业银行应按照内部估计的信用转换系数计量违约风险暴露。

4. 有效期限的估计

商业银行应当按照以下方法确定有效期限（Effective Maturity，M）。

商业银行采用初级内部评级法，非零售风险暴露的有效期限为2.5年。回购类交易的有效期限为0.5年。

商业银行采用高级内部评级法，有效期限为1年和内部估计的有效期限两者之间的较大值，但最大不超过5年。中小企业风险暴露的有效期限可以采用2.5年。

对于下列短期风险暴露，有效期限为内部估计的有效期限与1天中的较大值：

（1）原始期限1年以内全额抵押的场外衍生品交易、保证金贷款、回购交易和证券借贷交易。交易文件中必须包括按日重新估值并调整保证金，且在交易对手违约或未能补足保证金时可以及时平仓或处置抵押品的条款。

（2）原始期限1年以内自我清偿性的贸易融资，包括开立的和保兑的信用证。

（3）原始期限3个月以内的其他短期风险暴露，包括：场外衍生品交易、保证金贷款、回购交易、证券借贷，短期贷款和存款，证券和外汇清算而产生的风险暴露，以电汇方式进行现金清算产生的风险暴露等。

（四）信用风险加权资产的计量

商业银行采用内部评级法，应当按照主权、金融机构、公司和零售等不同的风险暴露分别计算其信用风险加权资产，在计算时按照未违约风险暴露和违约风险暴露进行区分。另外，由于不同风险暴露组合的相关系数不一样，因此，各自适应不同的风险加权资产计算公式。但无论是哪个公式，所对应的违约概率（PD）、违约损失率（LGD）、违约风险暴露（EAD）、有效期限（M）等风险参数都是公式中重要的输入因素，并决定了不同的风险加权资产数额。

1. 未违约风险暴露的风险加权资产的计量

（1）计算信用风险暴露的相关性（R）：

①主权、一般公司风险暴露：

$$R=0.12\times\frac{1-\frac{1}{e^{(50\times PD)}}}{1-\frac{1}{e^{50}}}+0.24\times\left[1-\frac{1-\frac{1}{e^{(50\times PD)}}}{1-\frac{1}{e^{50}}}\right]$$

②金融机构风险暴露：

$$R_{FI}=1.25\times\left\{0.12\times\frac{1-\frac{1}{e^{(50\times PD)}}}{1-\frac{1}{e^{50}}}+0.24\times\left[1-\frac{1-\frac{1}{e^{(50\times PD)}}}{1-\frac{1}{e^{50}}}\right]\right\}$$

③中小企业风险暴露：

$$R_{SME}=0.12\times\left[\frac{1-\frac{1}{e^{(50\times PD)}}}{1-\frac{1}{e^{50}}}\right]+0.24\times\left[1-\frac{1-\frac{1}{e^{(50\times PD)}}}{1-\frac{1}{e^{50}}}\right]-0.04\times\left(1-\frac{S-3}{27}\right)$$

S 为中小企业在报告期的年营业收入（单位为千万元人民币），低于 3000 万元人民币的按照 3000 万元人民币来处理。

④零售风险暴露：

个人住房抵押贷款，$R_{r1}=0.15$

合格循环零售贷款，$R_{r2}=0.04$

其他零售贷款：

$$R_{r3}=0.03\times\frac{1-\frac{1}{e^{(35\times PD)}}}{1-\frac{1}{e^{35}}}+0.16\times\left[1-\frac{1-\frac{1}{e^{(35\times PD)}}}{1-\frac{1}{e^{35}}}\right]$$

（2）计算期限调整因子（b）：

$b=[0.11852-0.05478\times\ln(PD)]^2$

（3）计算信用风险暴露的资本要求（K）：

①非零售风险暴露：

$$K=\left[LGD\times N\left(\sqrt{\frac{1}{1-R}}\times G(PD)+\sqrt{\frac{R}{1-R}}\times G(0.999)\right)-PD\times LGD\right]\times\left\{\frac{1}{1-1.5\times b}\times[1+(M-2.5)\times b]\right\}$$

②零售风险暴露：

$$K=LGD\times N\left[\sqrt{\frac{1}{1-R}}\times G(PD)+\sqrt{\frac{R}{1-R}}\times G(0.999)\right]-PD\times LGD$$

（4）计算信用风险暴露的风险加权资产（RWA）：

$RWA=K\times 12.5\times EAD$

2. 已违约风险暴露的风险加权资产的计量

$K=\max[0,(LGD-BEEL)]$

$RWA=K\times 12.5\times EAD$

此处，BEEL 是指考虑经济环境、法律地位等条件下对已违约风险暴露的预期损失率的最大估计值。

第二节

信用风险监测与报告

一、信用风险监测

（一）信用风险监测的含义

信用风险监测是指风险管理人员通过各种监控技术，动态捕捉信用风险指标的异常变动，判断其是否已达到引起关注的水平或已经超过阈值。如果达到关注水平或超过阈值，就应当及时调整授信政策、优化资产组合结构、利用资产证券化等分散和转移信用风险，将风险损失降到最低。

（二）信用风险监测的主要内容

以贷款资产的信用风险监测为例，有效的信用风险监测体系应包括以下主要内容：

1. 借款人基本情况及贷款使用情况

（1）客户是否按约定用途使用贷款；

（2）客户的法律地位是否发生变化；

（3）借款人名称、公司性质、主要产品生产；

（4）贷款项目是否正常进行，项目进度、计划与借款合同是否一致；

（5）借款人是否在诚实地履行合同中的各项承诺。

2. 财务状况及清偿能力

（1）财务报表是否连续完整；

（2）要求借款人及时提供最新的各种财务报表，并定期进行财务分析。

3. 还本付息情况

（1）贷款的期限、金额、目前余额；

（2）贷款的还本付息情况；

（3）贷款是否展期；

（4）贷款的偿还有无足够现金流量；

（5）除产品销售外，有无其他还款来源；

（6）如不能按时还本付息，找出原因。

4. 担保抵押情况

（1）担保抵押的手续是否齐备、合法；

（2）抵押品的估值、现值及出售的难易程度；

（3）抵押品的完好程度；

（4）是否重复抵押；

（5）超额抵押值是否充分；

（6）担保人的资格、财务状况有无变化。

5. 经营预测

（1）借款人所在行业的变动趋势；

（2）借款人在行业中的地位及变动趋势；

（3）借款人的产品成本、销售收益的变动趋势。

6. 档案管理

借款人的各种证明、文件、财务报表、借款合同等档案材料齐全完整。

（三）信用风险监测的主要指标

风险监测指标体系通常包括潜在指标和显现指标两大类，前者主要用于对潜在因素或征兆信息的定量分析，后者则用于显现因素或现状信息的量化。商业银行应建立健全信用风险预警体系，密切监测分析重点领域信用风险的生成和迁徙变化情况，定期开展信用风险压力测试。在信用风险管理领域，重要的风险监测指标如下：

1. 不良贷款率

不良贷款率为不良贷款与贷款总额之比，不应高于5%。

2. 单一（集团）客户授信集中度

单一（集团）客户授信集中度为最大一家（集团）客户授信总额与资本净额之比，不应高于15%。该项指标为一级指标，包括单一客户贷款集中度一个二级指标；单一客户贷款集中度为最大一家客户贷款总额与资本净额之比，不应高于10%。

3. 全部关联度

全部关联度为全部关联授信与资本净额之比，不应高于50%。

4. 贷款风险迁徙率

风险迁徙类指标衡量商业银行信用风险变化的程度，表示为资产质量从前期到本期变化的比率，属于动态监测指标。风险迁徙类指标包括正常贷款迁徙率和不良贷款迁徙率。

（1）正常贷款迁徙率为正常贷款中变为不良贷款的金额与正常贷款之比，正常贷款包括正常类和关注类贷款。该项指标为一级指标，包括正常类贷款迁徙率和关注类贷款迁徙率两个二级指标。正常类贷款迁徙率为正常类贷款中变为后四类贷款的金额与正常类贷款之比，关注类贷款迁徙率为关注类贷款中变为不良贷款的金额与关注类贷款之比。

（2）不良贷款迁徙率包括次级类贷款迁徙率和可疑类贷款迁徙率。次级类贷款迁徙率为次级类贷款中变为可疑类贷款和损失类贷款的金额与次级类贷款之比，可疑类贷款迁徙率为可疑类贷款中变为损失类贷款的金额与可疑类贷款之比。

二、信用风险预警

（一）行业风险预警

行业风险预警属于中观层面的预警，主要包括对以下行业风险因素的预警：

1. 行业环境风险因素

行业环境风险因素主要包括经济周期因素、财政货币政策、国家产业政策、法律法规等方面。

（1）经济周期因素。经济周期因素主要用于判断宏观经济所处阶段；判断行业自身的周期性；分析宏观周期与行业周期的相关性。

（2）财政货币政策。财政政策对许多行业具有较大影响，当财政紧缩时，行业信贷风险呈上升趋势；反之则下降。不同行业成本构成中，资金成本占比不同，因而货币政策对不同行业影响的力度不同：扩张性货币政策有助于改善行业经营状况；紧缩性货币政策则不利于行业发展。例如，货币政策中贷款利率的上调可能导致部分微利企业因财务费用增加出现亏损。

（3）国家产业政策。宏观政策和产业政策的变化可以对企业的经营环境、盈利状况造成直接或间接的影响。例如，国家抑制房地产过热的宏观调控政策可能会导致部分房地产开发企业的资金链断裂。

（4）法律法规。法律法规体系不完善的行业，因缺乏有力的制度保障，企业间的纠纷较多，系统性风险较高，易受意外事件的冲击。此外，法律法规的修订也可能对相关企业造成直接影响。例如，《中华人民共和国环境保护法》有关内容修订，部分涉及环境污染的行业可能受到发展限制；国家出台的一些技术性贸易壁垒，如检验检疫贸易壁垒、反倾销政策等，会影响出口企业的产品出口。

2. 行业经营风险因素

行业经营风险因素主要包括市场供求、产业成熟度、行业垄断程度、产业依赖度、产品替代性、行业竞争主体的经营状况、行业整体财务状况，目的是预测目标行业的发展前景以及该行业中企业所面临的共同风险。分析过程中应侧重以下几方面：行业市场风险、产业成熟度、行业垄断程度、行业增长性与波动性、产业依赖度、行业产品（或服务）的可替代性、行业增长潜力分析等。

3. 行业财务风险因素

对行业财务风险因素的分析要从行业财务数据的角度，把握行业的盈利能力、资本增值能力和资金营运能力，进而更深入地剖析行业发展中的潜在风险。行业财务风险分析指标体系主要包括净资产收益率、行业盈亏系数、资本积累率、销售利润率、产品产销率以及全员劳动生产率六项关键指标。

4. 行业重大突发事件

当行业发生重大突发事件后，一般都会对行业中的企业以及相关行业中企业的正常生产经营造成影响，从而对商业银行正常的本息回收工作带来不利影响。

（二）区域风险预警

区域风险通常表现为区域政策法规的重大变化、区域经营环境的恶化以及区域内部经营管理水平下降、区域信贷资产质量恶化等。

1. 政策法规发生重大变化

某些政策法规发生重大变化，可能会直接影响地方经济的发展方向、发展速度、竞争格局等，同时对区域内的企业也可能会产生不同程度的影响，从而引发区域风险。

2. 区域经营环境出现恶化

在对区域风险监测的过程中要关注区域的经济发展状况及发展趋势，如地区 GDP 增长率、地区 GDP 占比、区域的开放程度、区域经济的稳定和合理程度、区域产业集中度、区域企业竞争力、区域信用环境等。

3. 区域商业银行分支机构内部出现风险因素

关注分支机构信贷规模、资产质量、管理班子、基层人员结构等异常变动和经营管理恶化情况，以及内外部审计、检查发现的违规、违纪、违法等现象。

（三）客户风险预警

在信贷资产质量逐渐恶化之前，借款人往往会出现许多预警信息。客户风险监测和预警就是要及时探测出这些信息，并提前采取预控措施，为控制和降低信贷风险创造有利条件，保障商业银行资金安全，减少风险损失。根据《商业银行授信工作尽职指引》附录内容，表5－4列示了法人客户的风险预警信号。

表5－4　　法人客户风险预警信号

分类	具体表现
与客户品质有关的信号	（1）企业负责人失踪或无法联系 （2）客户不愿意提供与信用审核有关的文件 （3）在没有正当理由的情况下撤回或延迟提供与财务、业务、税收或抵押担保有关的信息或要求提供的其他文件 （4）资产或抵押品被高估 （5）客户不愿意提供过去的所得税纳税单 （6）客户的竞争者、供货商或其他客户对授信客户产生负面评价 （7）改变主要授信银行，向许多银行借款或不断在这些银行中间借新还旧 （8）客户频繁更换会计人员或管理人员 （9）作为被告卷入法律纠纷 （10）有些债务未在资产负债表上反映或列示 （11）客户内部或客户的审计机构使用的会计政策不够审慎
客户在银行账户变化的信号	（1）客户在银行的头寸不断减少 （2）对贷款的长期占用 （3）缺乏财务计划，如总是突然向银行提出借款需求 （4）短期贷款和长期贷款错配 （5）银行存款出现异常变化 （6）经常接到供货商查询核实头寸情况的电话 （7）突然出现向新交易商转移大额资金 （8）对贷款的需求出现异常增长
客户管理层变化的信号	（1）管理层行为异常 （2）财务计划和报告质量下降 （3）业务发展战略频繁变化 （4）对竞争变化或其他外部条件变化缺少对策 （5）核心盈利业务削弱和偏离 （6）管理层主要成员家庭出现问题 （7）长期合作的伙伴不再进行合作 （8）不遵守授信的承诺 （9）管理层能力不足或不团结 （10）缺乏技术工人或有劳资争议 （11）存在从未实现的计划 （12）管理层的重大人员变动

续表

分类	具体表现
业务运营环境变化的信号	(1) 库存水平的异常变化 (2) 工厂设备维护或设备管理落后 (3) 核心业务发生变动 (4) 缺乏操作控制、程序、质量控制等 (5) 主要产品线上的供货商或客户流失
财务状况变化的信号	(1) 付息或还本拖延，不断申请延期支付或申请实施新的授信或不断透支 (2) 申请实施授信支付其他银行的债务，不交割抵押品，授信抵押品情况恶化 (3) 违反合同规定 (4) 支票收益人要求核实客户支票账户的余额 (5) 定期存款账户余额减少 (6) 贷款需求增加，短期债务超常增加 (7) 客户自身的配套资金不到位或不充足 (8) 杠杆率过高，经常用短期债务支付长期债务 (9) 现金流不足以支付利息 (10) 其他银行提高对同一客户的利率 (11) 客户申请无抵押授信产品或申请特殊还款方式 (12) 交易和文件过于复杂 (13) 银行无法控制抵押品和质押权 (14) 应收账款的收回拖延 (15) 资产负债表结构的重大变化 (16) 成本的上升和利润的下降 (17) 过分依赖于短期借款来满足于长期资金需要
其他预警信号	(1) 业务领域收缩 (2) 无核心业务并过分追求多样化 (3) 业务增长过快 (4) 市场份额下降 (5) 销售集中于一些客户

三、信用风险报告

（一）风险报告的职责和路径

在信用风险管理领域，商业银行应当借助风险管理信息系统，对每一项信贷资产进行风险分析，并在组合层面上进行分类汇总。

1. 风险报告的职责

风险报告的职责主要体现在以下几个方面：

(1) 保证对有效全面风险管理的重要性和相关性的清醒认识；

（2）传递商业银行的风险偏好和风险容忍度；

（3）实施并支持一致的风险语言/术语；

（4）使员工在业务部门、流程和职能单元之间分享风险信息；

（5）告诉员工在实施和支持全面风险管理中的角色和职责；

（6）利用内部数据和外部事件、活动、状况的信息，为商业银行风险管理和目标实施提供支持；

（7）保障风险管理信息及时、准确地向上级或者同级的风险管理部门、外部监管部门、投资者报告。

2. 风险报告的路径

良好的风险报告路径应采取纵向报送与横向传送相结合的矩阵式结构，即本级行各部门向上级行对口部门报送风险报告的同时，也须向本级行的风险管理部门传送风险报告，以增强决策管理层对操作层的管理和监督。与传统的书面报告方式相比，风险管理信息系统真正实现了风险管理信息/报告的多向化、交互式传递，在保证风险管理部门独立性的同时，确保管理层对业务部门主要风险的实时监控。

（二）信用风险报告的主要内容

1. 从报告的使用者来看，可分为内部报告和外部报告

内部报告通常包括：评价整体风险状况、识别当期风险特征、分析重点风险因素、总结专项风险工作、配合内部审计检查。

外部报告的内容相对固定，主要包括：提供监管数据、反映管理情况、提出风险管理的措施建议等。在向外部提供风险分析报告的过程中，需要把握的重点就是规范操作，特别是作为境外上市商业银行，应始终坚持规范准确的原则。

2. 从类型上划分，可分为综合报告和专题报告

综合报告是各报告单位针对管理范围内、报告期内各类风险与内控状况撰写的综合性风险报告。综合报告应反映以下主要内容：辖内各类风险总体状况及变化趋势、分类风险状况及变化原因分析、风险应对策略及具体措施、加强风险管理的建议。

专题报告是各报告单位针对管理范围内发生（或潜在）的重大风险事项与内控隐患所做出的专题性风险分析报告。专题报告应反映以下主要内容：重大风险事项描述（事由、时间、状况等）、发展趋势及风险因素分析、已采取和拟采取的应对措施。

第三节

信用风险的控制与缓释

一、限额管理

限额管理对控制商业银行业务活动的风险非常重要，目的是确保所发生的风险总能被事先设定的风险资本加以覆盖。根据《中国银监会关于进一步加强信用风险管理的通知》中关于改进统一授信管理的要求，银行业金融机构应将贷款（含贸易融资）、票据承兑和贴现、透支、债券投资、特定目的载体投资、开立信用证、保理、担保、贷款承诺，以及其他实质上由银行业金融机构承担信用风险的业务纳入统一授信管理。在全面覆盖各类授信业务的基础上，银行业金融机构应确定单一法人客户、集团客户以及地区行业的综合授信限额。

（一）单一客户授信限额管理

商业银行制定客户授信限额需要考虑以下两个方面的因素：

1. 客户的债务承受能力

商业银行对客户进行信用评级后，首要工作就是判断该客户的债务承受能力，即确定客户的最高债务承受额。

在市场经济环境中不仅银行可以选择客户，客户也可以选择银行，任何一个客户都可以在几家商业银行开户并取得授信。因此，商业银行在考虑对客户的授信时不能仅仅根据客户的最高债务承受额提供授信，还必须将客户在其他商业银行的原有授信、在本行的原有授信和准备发放的新授信业务一并加以考虑。从理论上讲，只要授信限额小于或等于客户的最高债务承受额，具体数值可以由商业银行自行决定，这也是商业银行风险偏好的一种体现。在实际业务中，商业银行在决定客户的授信限额时还要受到商业银行政策因素，如银行的存款政策、客户的中间业务情况、银行收益情况等因素的影响。当上述各类因素为正面影响时，对授信限额的调节系数大于1；而当上述各类因素为负面影响时，对授信限额的调节系数小于1。

2. 银行的损失承受能力

银行对某一客户的损失承受能力用客户损失限额表示，代表了商业银行愿意为某一具体客户所承担的损失限额。从理论上讲，客户损失限额是通过商业银行分配至各个业务部门或分支机构的经济资本在客户层面上继续分配的结果。也就是说，商业银行分配给各个业务部门的经济资本，再继续分配至该部门所承办的不同地区、行业的不同的金融产品，直到每一个授信客户。

当客户的授信总额超过上述两个限额中的任一限额时，商业银行都不能再向该客户提供任何形式的授信业务。

（二）集团客户授信限额管理

虽然集团客户与单个客户授信限额管理有相似之处，但从整体思路上看还是存在着较大的差异。集团客户授信限额管理一般分“三步走”：

第一步，根据总行关于行业的总体指导方针和集团客户与授信行的密切关系，初步确定对该集团整体的授信限额；

第二步，根据单一客户的授信限额，初步测算关联企业各成员单位（含集团公司本部）最高授信限额的参考值；

第三步，分析各授信单位的具体情况，调整各成员单位的授信限额。同时，使每个成员单位的授信限额之和控制在集团公司整体的授信限额以内，并最终核定各成员单位的授信限额。

由于集团客户内部的关联关系比较复杂，因此在对其进行授信限额管理时应重点做到：统一识别标准，实施总量控制；掌握充分信息，避免过度授信；主办银行牵头，协调信贷业务。

一般由集团公司总部所在地的银行机构或集团公司核心企业所在地的银行机构作为牵头行或主办行，建立集团客户小组，全面负责对集团有关信息的收集、分析、授信协调以及跟踪监督工作。

（三）国家风险与区域风险限额管理

1. 国家风险限额管理

国家风险限额是用来对某一国家的信用风险暴露进行管理的额度框架。国家风险限额管理基于对一个国家的综合评级，至少一年重新检查一次。

国家风险暴露包含一个国家的信用风险暴露、跨境转移风险以及高压力风险事件情景。国家信用风险暴露是指在某一国设有固定居所的交易对方的信用风险暴露以及该交易对方海外子公司的信用风险暴露。跨境转移风险产生于一国的商业银行分支机构对另外一国的交易对方进行的授信业务活动，还应包括总行对海外分行和海外子公司提供的信用支持。

2. 区域风险限额管理

区域风险限额管理与国家风险限额管理有所不同。国外银行一般不对一个国家内的某一区域设置区域风险限额，而只是对较大的跨国区域，如亚太区、东亚区、东欧等设置信用风险暴露的额度框架。我国幅员辽阔、各地经济发展水平差距较大，因此在一定时期内实施区域风险限额管理还是很有必要的。区域风险限额在一般情况下经常作为指导性的弹性限额，但当某一地区受某些（政策、法规、自然灾害、社会环境等）因素的影响，导致区域内经营环境恶化、区域内部经营管理水平下降、区域信贷资产质量恶化时，区域风险限额将被严格地、刚性地加以控制。

二、信用风险缓释

信用风险缓释是指商业银行运用合格的抵质押品、净额结算、保证和信用衍生工具等方式转移或降低信用风险。根据《中国银监会关于进一步加强信用风险管理的通知》要求，商业银行应根据本机构业务特点，建立信用风险缓释制度、政策和程序，定期对风险缓释措施有效性进行评估。应重点评估抵（质）押权益的真实性、合法性和可实现性，抵（质）押物价值评估的审慎性，以及抵（质）押档案的完备性和合同条款的严密性。应根据抵（质）押物的类别和性质，科学确定抵（质）押物价值重估的频率，定期进行重估，当抵（质）押物价值变动严重影响风险缓释有效性时，要及时采取有效措施。对风险缓释措施有效性进行评估时，应充分考虑宏观经济、金融市场及关联产业波动的影响。

（一）采用权重法适用的信用风险缓释工具

商业银行采用权重法计量信用风险加权资产时，可以考虑合格质物质押或合格保证主体提供保证的风险缓释作用（具体参见表5－5）。合格质物质押的债权（含证券融资类交易形成的债权），取得与质物相同的风险权重，或取得对质物发行人或承兑人直接债权的风险权重。部分质押的债权（含证券融资类交易形成的债权），受质物保护的部分获得相应的较低风险权重。合格保证主体提供全额保证的贷款，取得对保证人直接债权的风险权重。部分保证的贷款，被保证部分获得相应的较低风险权重。但质物或保证的担保期限短于被担保债权期限的，则不具备风险缓释作用。

表 5－5　　权重法下合格信用风险缓释工具的种类

信用风险缓释工具	种类
质物	(1) 以特户、封金或保证金等形式特定化后的现金 (2) 黄金 (3) 银行存单 (4) 我国财政部发行的国债 (5) 中国人民银行发行的票据 (6) 我国政策性银行、公共部门实体、商业银行发行的债券、票据和承兑的汇票 (7) 金融资产管理公司为收购国有银行而定向发行的债券 (8) 评级为 BBB－（含 BBB－）以上国家或地区的政府和中央银行发行的债券 (9) 注册地所在国家或地区的评级在 A－（含 A－）以上的境外商业银行和公共部门实体发行的债券、票据和承兑的汇票 (10) 多边开发银行、国际清算银行和国际货币基金组织发行的债券
保证	(1) 我国中央政府、中国人民银行、政策性银行、公共部门实体和商业银行 (2) 评级为 BBB－（含 BBB－）以上国家或地区的政府和中央银行 (3) 注册地所在国家或地区的评级在 A－（含 A－）以上的境外商业银行和公共部门实体 (4) 多边开发银行、国际清算银行和国际货币基金组织

（二）采用内部评级法适用的信用风险缓释工具

商业银行采用内部评级法计量信用风险监管资本，信用风险缓释功能体现为违约概率、违约损失率或违约风险暴露的下降。主要信用风险缓释工具的具体种类详见表 5－6。

表 5－6　　内部评级法下合格信用风险缓释工具

信用风险缓释工具		种类
抵质押品	金融质押品	(1) 以特户、封金或保证金等形式特定化后的现金 (2) 黄金 (3) 银行存单 (4) 我国财政部发行的国债 (5) 中国人民银行发行的票据 (6) 我国政策性银行、公共部门实体和商业银行发行的债券、票据和承兑的汇票 (7) 金融资产管理公司为收购国有银行而定向发行的债券 (8) 其他国家或地区政府及其中央银行、国际清算银行和国际货币基金组织，多边开发银行所发行的 BB－（含 BB－）以上级别的债券；其他实体发行的 BBB－（含 BBB－）以上级别的债券；评级在 A－3/P－3（含 A－3/P－3）以上的短期债务工具 (9) 虽无外部评级，但同时满足以下条件的债券： ①银行发行 ②交易所交易 ③具有优先债务的性质 ④具有充分的流动性 ⑤虽没有外部评级，但发行人发行的同一级别债券外部评级为 BBB－（含 BBB－）或 A－3/P－3（含 A－3/P－3）以上 (10) 公开上市交易的股票及可转换债券 (11) 依法可以质押的具有现金价值的人寿保险单或类似理财产品 (12) 投资于以上金融工具的可转让基金份额，且基金应每天公开报价

续表

信用风险缓释工具		种类
抵质押品	应收账款	原始期限不超过1年的财务应收账款： （1）销售产生的债权 （2）出租产生的债权 （3）提供服务产生的债权 合格的应收账款不包括与证券化、从属参与或信用衍生工具相关的应收账款
	商用房地产和居住用房地产	（1）依法有权处置的国有土地使用权及地上商用房、居民用房，不含工业用房 （2）以出让方式取得的用于建设商用房或居民用房的土地使用权
	其他抵质押品	金融质押品、应收账款、商用房地产、居住用房地产之外，经银监会认可的符合信用风险缓释工具认定和管理要求的抵质押品
净额结算		（1）表内净额结算 （2）回购交易净额结算 （3）场外衍生工具及交易账户信用衍生工具净额结算
保证		（1）风险权重低于交易对手的主权、金融机构、一般公司等实体 （2）如果信用保护专门提供给资产证券化风险暴露，该实体当前外部信用评级在BBB-以上（含），且在提供信用保护时外部信用评级在A-以上（含）
信用衍生工具		（1）信用违约互换 （2）总收益互换

1. 合格抵（质）押品

合格抵（质）押品包括金融质押品、应收账款、商用房地产和居住用房地产以及其他抵（质）押品。合格抵（质）押品的信用风险缓释作用体现为违约损失率的下降，同时也可能降低违约概率。

采用初级内部评级法的商业银行，利用多种形式抵（质）押品对同一风险暴露共同担保时，需要将风险暴露拆分为由不同抵（质）押品覆盖的部分，分别计算风险加权资产。拆分按金融质押品、应收账款、商用房地产和居住用房地产以及其他抵（质）押品的顺序进行。

采用高级内部评级法的商业银行，抵（质）押品的信用风险缓释作用体现在违约损失率的估值中。商业银行应根据自行估计的抵（质）押品回收率，对各抵（质）押品所覆盖的风险暴露分别估计违约损失率。

2. 合格净额结算

合格净额结算对于降低信用风险的作用在于，交易主体只需承担净额支付的风险。若没有净额结算条款，那么在交易双方间存在多个交易时，守约方可能被要求在交易终止时向违约方支付交易项下的全额款项，但守约方收取违约方欠款的希望却很小。内部评级法下，表内净额结算的风险缓释作用体现为违约风险暴露的下降。

合格净额结算包括从属于有效净额结算协议的表内净额结算、从属于净额结算主协议的回购交易净额结算、从属于有效净额结算协议的场外衍生工具净额结算。

商业银行采用合格净额结算缓释信用风险时，应持续监测和控制后续风险，并在净头寸的基础上监测和控制相关的风险暴露。商业银行采用高级内部评级法，应建立估计表外项目违约风险暴露的程序，估计每笔表外项目采用的违约风险暴露。

3. 合格保证和信用衍生工具

同一风险暴露由两个以上保证人提供保证，且不划分保证责任的情况下，初级内部评级法不同时考虑多个保证人的信用风险缓释作用。商业银行可以选择信用等级最好、信用风险缓释效果最优的保证人进行信用风险缓释处理。

商业银行采用高级内部评级法，若历史数据能够证明，同一风险暴露由多个保证人同时保证时信用风险缓释作用大于单个保证，则可以考虑每个保证人缓释风险的作用，表现为违约损失率的下降。

信用衍生工具的范围包括信用违约互换、总收益互换等。当信用违约互换和总收益互换提供的信用保护与保证相同时，可以作为合格信用衍生工具。

4. 信用风险缓释工具池

对单独一项风险暴露存在多个信用风险缓释工具时，采用初级内部评级法的商业银行，应将风险暴露细分为每一信用风险缓释工具覆盖的部分，分别计算风险加权资产。如信用保护由一个信用保护者提供，但有不同的期限，也应细分为几个独立的信用保护。

采用高级内部评级法的商业银行，可以对同一风险暴露采用多个信用风险缓释工具。采用此种方法处理的商业银行应证明此种方式对风险抵补的有效性，并建立合理的多重信用风险缓释工具的处理程序和方法。

第四节

信贷资产证券化的信用风险管理

一、信贷资产证券化概述

（一）定义与分类

根据《信贷资产证券化试点管理办法》，信贷资产证券化是指银行业金融机构作为发起机构，将信贷资产信托给受托机构，由受托机构以资产支持证券的形式向投资机构发行受益证券，以该资产所产生的现金支付资产支持证券收益的结构性融资活动。

根据《商业银行资本管理办法（试行）》附件9《资产证券化风险加权资产计量规则》的规定，资产证券化交易包括传统型资产证券化、合成型资产证券化以及兼具两种类型共同特点的资产证券化交易。传统型资产证券化是指基础资产的信用风险通过资产转让、信托等方式全部或部分转移给投资者，基础资产的现金流用以支付至少两个不同信用风险档次的证券的资产证券化交易。合成型资产证券化是指基础资产的信用风险通过信用衍生工具或者保证全部或部分转移给投资者的资产证券化交易。该交易结构中至少具有两个不同信用风险档次的证券。信用衍生工具包括资金来源预置型和资金来源非预置型两种类型。

（二）资产证券化的交易结构

与直接融资证券发行相比，资产证券化的运作要复杂得多，图5－2概述了资产证券化大致交易结构。

1. 形成贷款资产组合

银行是贷款的初始权益人，也是资产证券化的发起人，它首先需要确定融资目标，随后将同类的贷款剥离形成贷款资产组合。

2. 组建或选择特别目的机构（Special Purpose Vehicle，SPV）

特别目的机构可以是新建或是选择已有机构，这个机构唯一的目的是管理贷款组合以此发行证券，故又被称为发行人。

3. 真实购买或信托管理

为了实现“破产隔离”，可以通过真实出售或通过信托方式将贷款组合风险转移给发行人（SPV）。

4. 完善交易结构

SPV分别与服务人、资产托管人、券商签订协议，完成定价、监督资产质量、债权分层设计、承销的工作。

5. 初始信用评级

评级机构为资产池的资产提供初始信用评级，因贷款资产流动性较差，此时评级不会太高。

6. 信用增级

SPV采用内部增级和外部增级方法提高拟发行证券的信用等级。

7. 再次评级

再次委托信用评级机构进行发行评级，并由承销商向投资者出售抵押贷款证券。

8. 发行证券

券商将贷款支持债券分销给投资者，并将销售所得资金转给 SPV。

9. 支付购买价格

SPV 用出售贷款支持证券的收入向发起人支付购买贷款的价格。

10. 贷款组合收入管理

发起人或者发起人指定的服务公司对资产组合进行管理，负责收取、记录由贷款组合产生的全部收入，并将这些款项全部存入托管银行的收款专户。

11. 按期还本付息，对聘用机构付费

托管人按照约定期限，将收款拨入付款账户，向投资者还本付息，并向聘请的各类机构支付专业服务费。

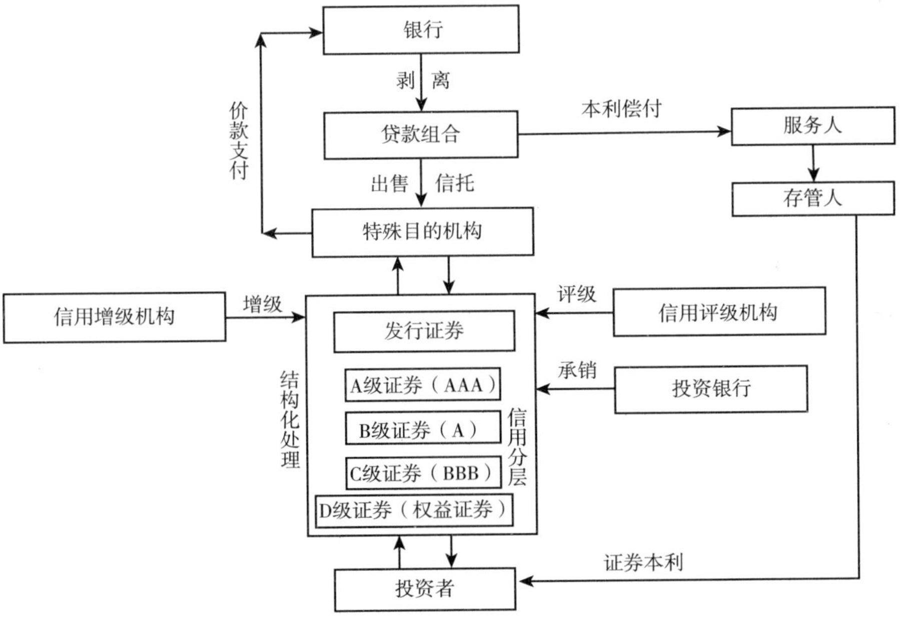

图 5－2　资产证券化的交易结构

（三）商业银行发展信贷资产证券化业务的意义

通过证券化的真实出售和破产隔离功能，可以将不具有流动性的中长期贷款置于资产负债表之外，优化资产负债结构，及时获取高流动性的现金资产，从而有效缓解商业银行的流动性压力。

通过对贷款进行证券化而非持有到期，可以改善资本状况，以最小的成本增强流动性和提高资本充足率，有利于商业银行资本管理。

通过资产证券化将不良资产成批量、快速转换为可流通的金融产品，盘活部分资产的流动性，将银行资产潜在的风险转移、分散，有利于化解不良资产，降低不良贷款率。

增强盈利能力，改善商业银行收入结构，如贷款银行在出售基础资产的同时可以获得手续费、管理费等收入。此外，还可以为其他银行资产证券化提供担保及发行服务，并赚取收益。

二、资产证券化信用风险管理措施

（一）商业银行的信用风险管理要求

在资产证券化业务中，商业银行作为发起机构（原始权益人）应从以下几方面完善信用风险管理：

1. 监管资本计提

为充分抵御因从事资产证券化业务而承担的风险，商业银行应当基于交易的经济实质，而不仅限于法律形式计提监管资本。商业银行作为资产证券化发起机构、信用增级机构、流动性便利提供机构、投资机构或者贷款服务机构等从事资产证券化业务，只要产生了资产证券化风险暴露，就应计提相应的监管资本。

资产证券化风险暴露是商业银行因从事资产证券化业务而形成的表内外风险暴露，其包括但不限于资产支持证券、住房抵押贷款证券、信用增级、流动性便利、利率或货币互换、信用衍生工具和分档次抵补。资产证券化风险暴露的信用风险加权资产可按标准法和内部评级法评估计量。资产证券化内部评级法又包括评级基础法和监管公式法。

2. 风险自留比例要求

为进一步规范信贷资产证券化发起机构风险自留行为，2013 年 12 月人民银行、银监会发布的《关于规范信贷资产证券化发起机构风险自留比例的文件》要求信贷资产证券化发起机构应持有由其发起资产证券化产品的一定比例，这一比例不得低于该单证券化产品全部发行规模的 5%，而发起机构持有最低档次资产支持证券的比例不得低于该档次资产支持证券发行规模的 5%。若持有除最低档次之外的资产支持证券，各档次证券均应持有，且应以占各档次证券发行规模的相同比例持有；持有期限不低于各档次资产支持证券存续期限。

3. 存续期信用风险管理职责

确保基础资产真实、合法、有效。承担未按规定或约定转移基础资产的责任，并对相关后果采取有效应对措施，解决产生的问题；采取有效措施，确保转移给专项计划的资产独立于其固有财产，防止基础资产及现金流与其固有财产混同，不得以任何方式侵占、损害专项计划资产；原始权益人未实质转移除底层资产收益权之外的相关资产占有、使用、处置等权利或负有建设、运营、维护、监督使用、催收或收回、依法维权等义务的，应当积极行使权利、履行义务，确保基础资产质量，为其产生现金流提供保障；特定原始权益人应维持正常的生产经营活动，为基础资产产生预期现金流积极提供支持与保障；配合管理人及其他参与机构和投资者开展信用风险管理，发现影响专项计划资产安全、投资者利益等风险事项及时告知管理人。

（二）存续期的信用风险管理措施

1. 信用风险监测与分类

管理人（受托机构）应当通过多种方式和渠道，持续动态收集可能影响资产支持证券信用状况的信息，及时准确掌握信用变化情况。可能影响资产支持证券信用状况的信息包括但不限于：

（1）基础资产类型、特征、权属、担保负担及其他权利限制以及质量变化情况；

（2）基础资产现金流归集、划转以及预计基础资产产生现金流能力的变化情况；

（3）基础资产现金流重要提供方所处行业环境或政策变化情况，股权结构、内部治理结构、生产经营和财务状况变化等情况；

（4）特定原始权益人股权结构、内部治理结构、生产经营和财务状况变化等情况；

（5）资产服务机构提供基础资产管理服务的相关业务资质、风险控制措施以及经营情况、财务状况、资信情况等情况；

（6）专项计划交易结构各环节实施情况及风险控制措施的落实情况；

（7）各参与机构按照规定或约定履行职责、义务情况；

（8）增信措施有效性的变化情况；

（9）资产支持证券评级变化情况；

（10）公众投诉、媒体报道情况；

（11）其他可能影响资产支持证券信用状况的信息。

管理人根据资产支持证券风险监测和分析结果，可将资产支持证券初步划分为正常类、关注类、风险类及违约类。

正常类：基础资产质量、产生现金流能力、交易结构有效性和增信措施有效性未发生不利变化，预计能够按照约定向非次级档资产支持证券投资者分配收益。

关注类：基础资产质量、产生现金流能力、交易结构有效性和增信措施有效性中一项或多项已经或正在发生不利变化，需要持续关注按照约定向非次级档资产支持证券投资者分配收益是否存在较大风险。

风险类：基础资产质量、产生现金流能力、交易结构有效性和增信措施有效性中一项或多项严重恶化，按照约定向非次级档资产支持证券投资者分配收益存在重大不确定性且预计将发生违约。

违约类：已经发生未能按照约定向非次级档资产支持证券投资者分配收益。

2. 信用风险排查与预警

管理人应当根据初步划分的专项计划风险分类情况，组织对专项计划信用风险状况及程度进行排查。风险排查可以采取现场、非现场或现场与非现场相结合的方式进行，确认基础资产质量、产生现金流能力、交易结构有效性和增信措施有效性变化等情况。

3. 信用风险化解与处置

被正式确定为关注类的，管理人应当将可能影响按约定向投资者分配收益的重要风险事项及时反馈给相关参与机构，与相关参与机构共同确定和采取切实可行的风险应对措施，并跟踪措施落实情况。

被正式确定为风险类或违约类的，管理人、原始权益人、增信机构及其他参与机构应当按照法律、行政法规、部门规章、规范性文件及本所业务规则等规定或者协议约定开展风险化解和处置工作，并履行相应信息披露和报告义务。

4. 信用风险管理报告

管理人应定期提交半年度资产支持证券信用风险管理报告，半年度信用风险管理报告包括但不限于以下内容：

（1）资产支持证券信用风险管理制度、流程、机制安排、决策程序的建立及变动情况；

（2）资产支持证券信用风险管理部门及岗位设置情况，相关负责人变动及履职情况，从事资产支持证券信用风险管理的人员配备、专职人员及联络人相关信息及其变动情况；

（3）报告期内开展资产支持证券信用风险管理情况；

（4）正常类、关注类、风险类、违约类专项计划分类情况，报告期内的变动情况及变动原因；

（5）次年到期的风险类和需要重点关注资产支持证券及其信用风险管理工作安排（仅适用于下半年度风险管理报告）。

复习思考题

1. 银行账户信用风险暴露分为哪几类？
2. 商业银行内部评级体系包括哪些基本要素？
3. 信用风险监测体系应包括哪些内容？
4. 信用风险管理领域重要的风险监测指标有哪些？
5. 简述集团客户授信限额管理的“三步走”。

第六章　市场风险管理

第一节

市场风险的内涵及管理

市场风险是指因市场价格（利率、汇率、股票价格和商品①价格）的不利变动而使银行表内和表外业务发生损失的风险，市场风险存在于银行的交易和非交易业务中。

市场风险可以分为利率风险、汇率风险（包括黄金）、股票价格风险和商品价格风险，分别是由于利率、汇率、股票价格和商品价格的不利变动所带来的风险，其中，利率风险按照来源的不同，又可以分为重新定价风险、收益率曲线风险、基准风险和期权性风险。

一、市场风险管理体系

市场风险管理是识别、计量、监测和控制市场风险的全过程。市场风险管理的目标是通过将市场风险控制在商业银行可以承受的合理范围内，实现经风险调整的收益率的最大化②。

① 商品是指可以在二级市场上交易的某些实物产品，如农产品、矿产品（包括石油）和贵金属（不包括黄金）等。

② 《商业银行市场风险管理指引》（中国银行业监督管理委员会令2004年第10号）。

市场风险管理体系包括如下基本要素：一是董事会和高级管理层的有效监控；二是完善的市场风险管理政策和程序；三是完善的市场风险识别、计量、监测和控制程序；四是完善的内部控制和独立的外部审计；五是适当的市场风险资本分配机制。

（一）董事会和高级管理层的监控

商业银行的董事会承担对市场风险管理实施监控的最终责任，确保商业银行有效地识别、计量、监测和控制各项业务所承担的各类市场风险，董事会的主要职责有：

（1）董事会负责审批市场风险管理的战略、政策和程序，确定银行可以承受的市场风险水平；

（2）督促高级管理层采取必要的措施识别、计量、监测和控制市场风险，并定期获得关于市场风险性质和水平的报告；

（3）监控和评价市场风险管理的全面性、有效性以及高级管理层在市场风险管理方面的履职情况。

董事会可以授权其下设的专门委员会履行以上部分职能，获得授权的委员会应当定期向董事会提交有关报告，专门委员会负责制定全行市场风险管理的战略与相关政策，督促高级管理层具体实施，应至少每半年听取一次全行市场风险管理情况报告①。

总行高级管理层中应配备一名高管人员负责全行的市场风险管理工作，该高管人员原则上应具备5年以上与市场风险管理相关的工作经验②，高级管理层的主要职责有：

（1）商业银行的高级管理层负责制定、定期审查和监督执行市场风险管理的政策、程序以及具体的操作规程，及时了解市场风险水平及其管理状况；

（2）确保银行具备足够的人力、物力以及恰当的组织结构、管理信息系统和技术水平来有效地识别、计量、监测和控制各项业务所承担的各类市场风险。

监事会负责监督董事会和高级管理层在市场风险管理方面的履职情况。

（二）风险控制部门的职责

商业银行应当指定专门的部门负责市场风险管理工作。负责市场风险管理的部门应当职责明确，与承担风险的业务经营部门保持相对独立，向董事会和高级管理层提供独立的市场风险报告，并且具备履行市场风险管理职责所需要的人力、物力资源。负责市场风险管理部门的工作人员应当具备相关的专业知识和技能，并充分了解本行与市场风险有关的业务、所承担的各类市场风险以及相应的风险识别、计量、控制方法和技术。商业银行应

①②　《中国银行业监督管理委员会关于进一步加强商业银行市场风险管理工作的通知》（银监发〔2006〕89号）。

当确保其薪酬制度足以吸引和留住合格的市场风险管理人员。

各行应结合本行的风险管理架构和特点，指定专门部门统一负责掌控全行总体市场风险状况，并负责向专门委员会和高管层汇报，应将境内外分支机构的市场风险管理纳入统一的市场风险管理中，并建立统一的市场风险管理信息系统[①]。商业银行负责市场风险管理的部门应当履行下列职责：

（1）拟定市场风险管理政策和程序，提交高级管理层和董事会审查批准；

（2）识别、计量和监测市场风险；

（3）监测相关业务经营部门和分支机构对市场风险限额的遵守情况，报告超限额情况；

（4）设计、实施事后检验和压力测试；

（5）识别、评估新产品、新业务中所包含的市场风险，审核相应的操作和风险管理程序；

（6）及时向董事会和高级管理层提供独立的市场风险报告；

（7）其他有关职责。

商业银行应使从事市场风险管理的部门及人员与承担风险的业务经营部门及人员完全独立，从事市场风险管理的部门与承担风险的业务经营部门应向不同的高管人员报告工作。

加强对市场风险管理部门的人力资源配置。从事市场风险管理的部门负责人应具备三年以上与市场风险管理相关的工作经验，该部门下设的与市场风险管理工作相关的团队（或处室）主要负责人应具备两年以上与市场风险管理相关的工作经验[②]。

二、市场风险管理政策的内容

商业银行应当制定适用于整个银行机构的、正式的书面市场风险管理政策和程序。市场风险管理政策和程序应当与银行的业务性质、规模、复杂程度和风险特征相适应，与其总体业务发展战略、管理能力、资本实力和能够承担的总体风险水平相一致，并符合银监会关于市场风险管理的有关要求。市场风险管理政策和程序的主要内容包括：

（1）可以开展的业务，可以交易或投资的金融工具，可以采取的投资、保值和风险缓解策略和方法；

---

①② 《中国银行业监督管理委员会关于进一步加强商业银行市场风险管理工作的通知》（银监发〔2006〕89号）。

（2）商业银行能够承担的市场风险水平；

（3）分工明确的市场风险管理组织结构、权限结构和责任机制；

（4）市场风险的识别、计量、监测和控制程序；

（5）市场风险的报告体系；

（6）市场风险管理信息系统；

（7）市场风险的内部控制；

（8）市场风险管理的外部审计；

（9）市场风险资本的分配；

（10）对重大市场风险情况的应急处理方案。

商业银行应当根据本行市场风险状况和外部市场的变化情况，及时修订和完善市场风险管理政策和程序。

商业银行的市场风险管理政策和程序及其重大修订应当由董事会批准。商业银行的高级管理层应当向与市场风险管理有关的工作人员阐明本行的市场风险管理政策和程序。与市场风险管理有关的工作人员应当充分了解其与市场风险管理有关的权限和职责。

商业银行在开发新产品和开展新业务之前应当充分识别和评估其中包含的市场风险，建立相应的内部审批、操作和风险管理程序，并获得董事会或其授权的专门委员会/部门的批准。新产品、新业务的内部审批程序应当包括由相关部门，如业务经营部门、负责市场风险管理的部门、法律部门/合规部门、财务会计部门和结算部门等对其操作和风险管理程序的审核和认可。

市场风险管理政策和程序应当在并表基础上应用，并应当尽可能适用于具有独立法人地位的附属机构，包括境外附属机构。但是，商业银行应当充分认识到附属机构之间存在的法律差异和资金流动障碍，并对其风险管理政策和程序进行相应调整，以避免在具有法律差异和资金流动障碍的附属机构之间轧差头寸而造成对市场风险的低估。

商业银行应当按照银监会关于商业银行资本充足率管理的有关要求划分银行账户和交易账户，并根据银行账户和交易账户的性质和特点，采取相应的市场风险识别、计量、监测和控制方法。

商业银行应当对不同类别的市场风险（如利率风险）和不同业务种类（如衍生产品交易）的市场风险制定更详细和有针对性的风险管理政策和程序，并保持相互之间的一致性。

各行应以现有人民币国债和相关产品交易价格为基础，采用国际通用的方法研究并建立基于市场的人民币国债收益率曲线，作为人民币产品定价和风险管理的基础[①]。

各行应加强对复杂衍生产品的风险管理工作，将复杂衍生产品纳入市场风险管理系统之中，应在人民币国债收益率曲线的基础上，研发具体有效的产品定价模型，并在此基础上计算相关的风险参数，为对冲各类风险提供参考[②]。

第二节

市场风险的识别、计量、监测和控制

商业银行应当对每项业务和产品中的市场风险因素进行分解和分析，及时、准确地识别所有交易和非交易业务中市场风险的类别和性质。根据本行的业务性质、规模和复杂程度，对银行账户和交易账户中不同类别的市场风险选择适当的、普遍接受的计量方法，基于合理的假设前提和参数，计量承担的所有市场风险。商业银行应当尽可能准确计算可以量化的市场风险和评估难以量化的市场风险。

一、市场风险管理方法

商业银行可以采取不同的方法或模型计量银行账户和交易账户中不同类别的市场风险。市场风险的计量方式包括缺口分析、久期分析、外汇敞口分析、敏感性分析、情景分析和运用内部模型计算风险价值等。商业银行应当充分认识到市场风险不同计量方法的优势和局限性，并采用压力测试等其他分析手段进行补充。

商业银行应当尽量对所计量的银行账户和交易账户中的市场风险（特别是利率风险）在全行范围内进行加总，以便董事会和高级管理层了解本行的总体市场风险水平。

商业银行的董事会、高级管理层和与市场风险管理有关的人员应当了解本行采用的市场风险计量方法、模型及其假设前提，以便准确理解市场风险的计量结果。

商业银行应当采取措施确保假设前提、参数、数据来源和计量程序的合理性和准确性。商业银行应当对市场风险计量系统的假设前提和参数定期进行评估，制定修改假设前提和参数的内部程序。重大的假设前提和参数修改应当由高级管理层审批。

商业银行应当对交易账户头寸按市值每日至少重估一次价值。市值重估应当由独立于

①② 《中国银行业监督管理委员会关于进一步加强商业银行市场风险管理工作的通知》（银监发〔2006〕89 号）。

前台的中台、后台、财务会计部门或其他相关职能部门或人员负责。用于重估的定价因素应当从独立于前台的渠道获取或者经过独立的验证。前台、中台、后台、财务会计部门、负责市场风险管理的部门等用于估值的方法和假设应当尽量保持一致，在不完全一致的情况下，应当制定并使用一定的校对、调整方法。在缺乏可用于市值重估的市场价格时，商业银行应当确定选用代用数据的标准、获取途径和公允价格计算方法。

银监会鼓励业务复杂程度和市场风险水平较高的商业银行逐步开发和使用内部模型计量风险价值，对所承担的市场风险水平进行量化估计。风险价值是指所估计的在一定的持有期和给定的置信水平下，利率、汇率等市场风险要素的变化可能对某项资金头寸、资产组合或机构造成的潜在最大损失。采用内部模型的商业银行应当根据本行的业务规模和性质，参照国际通行标准，合理选择、定期审查和调整模型技术（如方差—协方差法、历史模拟法和蒙特卡洛法）以及模型的假设前提和参数，并建立和实施引进新模型、调整现有模型以及检验模型准确性的内部政策和程序。模型的检验应当由独立于模型开发和运行的人员负责。

商业银行应当定期实施事后检验，将市场风险计量方法或模型的估算结果与实际结果进行比较，并以此为依据对市场风险计量方法或模型进行调整和改进。

二、压力测试

商业银行应当建立全面、严密的压力测试程序，定期对突发的小概率事件，如市场价格发生剧烈变动，或者发生意外的政治、经济事件可能造成的潜在损失进行模拟和估计，以评估本行在极端不利情况下的亏损承受能力。压力测试应当包含定性和定量分析。

压力测试应当选择对市场风险有重大影响的情景，包括历史上发生过重大损失的情景和假设情景。假设情景包括模型假设和参数不再适用的情形、市场价格发生剧烈变动的情形、市场流动性严重不足的情形，以及外部环境发生重大变化、可能导致重大损失或风险难以控制的情景。商业银行应当使用银监会规定的压力情景和根据本行业务性质、市场环境设计的压力情景进行压力测试。

商业银行应当根据压力测试的结果，对市场风险有重大影响的情形制定应急处理方案，并决定是否及如何对限额管理、资本配置及市场风险管理的其他政策和程序进行改进。董事会和高级管理层应当定期对压力测试的设计和结果进行审查，不断完善压力测试程序。

三、限额管理

商业银行应当对市场风险实施限额管理，制定对各类和各级限额的内部审批程序和操作规程，根据业务性质、规模、复杂程度和风险承受能力设定、定期审查和更新限额。

市场风险限额包括交易限额、风险限额及止损限额等，并可按地区、业务经营部门、资产组合、金融工具和风险类别进行分解。商业银行应当根据不同限额控制风险的不同作用及其局限性，建立不同类型和不同层次的限额相互补充的合理限额体系，有效控制市场风险。商业银行总的市场风险限额以及限额的种类、结构应当由董事会批准。

商业银行在设计限额体系时应当考虑以下因素：

（1）业务性质、规模和复杂程度；

（2）商业银行能够承担的市场风险水平；

（3）业务经营部门的既往业绩；

（4）工作人员的专业水平和经验；

（5）定价、估值和市场风险计量系统；

（6）压力测试结果；

（7）内部控制水平；

（8）资本实力；

（9）外部市场的发展变化情况。

商业银行应当对超限额情况制定监控和处理程序。超限额情况应当及时向相应级别的管理层报告。该级别的管理层应当根据限额管理的政策和程序决定是否批准以及此超限额情况可以保持多长时间。对未经批准的超限额情况应当按照限额管理的政策和程序进行处理。管理层应当根据超限额发生情况决定是否对限额管理体系进行调整。

商业银行应当确保不同市场风险限额之间的一致性，并协调市场风险限额管理与流动性风险限额等其他风险类别的限额管理。

四、信息系统和汇报机制

商业银行应当为市场风险的计量、监测和控制建立完备、可靠的管理信息系统，并采取相应措施确保数据的准确、可靠、及时和安全。管理信息系统应当能够支持市场风险的计量及其所实施的事后检验和压力测试，并能监测市场风险限额的遵守情况和提供市场风险报告的有关内容。商业银行应当建立相应的对账程序确保不同部门和产品业务数据的一致性和完整性，并确保向市场风险计量系统输入准确的价格和业务数据。商业银行应当根据需要对管理信息系统及时改进和更新。

商业银行应当对市场风险有重大影响的情形制定应急处理方案，包括采取对冲、减少风险暴露等措施降低市场风险水平，以及建立针对自然灾害、银行系统故障和其他突发事件的应急处理或者备用系统、程序和措施，以减少银行可能发生的损失和银行声誉可能受到的损害。

商业银行应当将压力测试的结果作为制定市场风险应急处理方案的重要依据，并定期对应急处理方案进行审查和测试，不断更新和完善应急处理方案。

有关市场风险情况的报告应当定期、及时向董事会、高级管理层和其他管理人员提供。不同层次和种类的报告应当遵循规定的发送范围、程序和频率。报告应当包括如下全部或部分内容：

（1）按业务、部门、地区和风险类别分别统计的市场风险头寸；

（2）按业务、部门、地区和风险类别分别计量的市场风险水平；

（3）对市场风险头寸和市场风险水平的结构分析；

（4）盈亏情况；

（5）市场风险识别、计量、监测和控制方法及程序的变更情况；

（6）市场风险管理政策和程序的遵守情况；

（7）市场风险限额的遵守情况，包括对超限额情况的处理；

（8）事后检验和压力测试情况；

（9）内部和外部审计情况；

（10）市场风险资本分配情况；

（11）对改进市场风险管理政策、程序以及市场风险应急方案的建议；

（12）市场风险管理的其他情况。

向董事会提交的市场风险报告通常包括银行的总体市场风险头寸、风险水平、盈亏状况和对市场风险限额及市场风险管理的其他政策和程序的遵守情况等内容。向高级管理层和其他管理人员提交的市场风险报告通常包括按地区、业务经营部门、资产组合、金融工具和风险类别分解后的详细信息，并具有更高的报告频率。

五、内部控制和外部审计

商业银行应当按照银监会关于商业银行内部控制的有关要求，建立完善的市场风险管理内部控制体系，作为银行整体内部控制体系的有机组成部分。市场风险管理的内部控制应当有利于促进有效的业务运作，提供可靠的财务和监管报告，促使银行严格遵守相关法律、行政法规、部门规章和内部的制度、程序，确保市场风险管理体系的有效运行。

为避免潜在的利益冲突，商业银行应当确保各职能部门具有明确的职责分工，以及相关职能适当分离。商业银行的市场风险管理职能与业务经营职能应当保持相对独立。交易部门应当将前台、后台严格分离，前台交易人员不得参与交易的正式确认、对账、重新估值、交易结算和款项收付；必要时可设置中台监控机制。

商业银行应当避免其薪酬制度和激励机制与市场风险管理目标产生利益冲突。董事会和高级管理层应当避免薪酬制度具有鼓励过度冒险投资的负面效应，防止绩效考核过于注重短期投资收益表现，而不考虑长期投资风险。负责市场风险管理工作人员的薪酬不应当与直接投资收益挂钩。

商业银行的内部审计部门应当定期（至少每年一次）对市场风险管理体系各个组成部分和环节的准确、可靠、充分和有效性进行独立的审查和评价。内部审计应当既对业务经营部门，也对负责市场风险管理的部门进行。内部审计报告应当直接提交给董事会。董事会应当督促高级管理层对内部审计所发现的问题提出改进方案并采取改进措施。内部审计部门应当跟踪检查改进措施的实施情况，并向董事会提交有关报告。商业银行对市场风险管理体系的内部审计应当至少包括以下内容：

（1）市场风险头寸和风险水平；

（2）市场风险管理体系文档的完备性；

（3）市场风险管理的组织结构，市场风险管理职能的独立性，市场风险管理人员的充足性、专业性和履职情况；

（4）市场风险管理所涵盖的风险类别及其范围；

（5）市场风险管理信息系统的完备性、可靠性，市场风险头寸数据的准确性、完整性，数据来源的一致性、时效性、可靠性和独立性；

（6）市场风险管理系统所用参数和假设前提的合理性、稳定性；

（7）市场风险计量方法的恰当性和计量结果的准确性；

（8）对市场风险管理政策和程序的遵守情况；

（9）市场风险限额管理的有效性；

（10）事后检验和压力测试系统的有效性；

（11）市场风险资本的计算和内部配置情况；

（12）对重大超限额交易、未授权交易和账目不匹配情况的调查。

商业银行在引入对市场风险水平有重大影响的新产品和新业务、市场风险管理体系出现重大变动或者存在严重缺陷的情况下，应当扩大市场风险内部审计的范围和增加内部审计频率。

商业银行的内部审计人员应当具备相关的专业知识和技能，并经过相应的培训，能够充分理解市场风险识别、计量、监测、控制的方法和程序。

内部审计力量不足的商业银行，应当委托社会中介机构对其市场风险的性质、水平及市场风险管理体系进行审计。

银监会也鼓励其他商业银行委托社会中介机构对其市场风险的性质、水平及市场风险管理体系定期进行审查和评价。

第三节

市场风险监管

商业银行应当按照规定向银保监会报送与市场风险有关的财务会计、统计报表和其他报告。委托社会中介机构对其市场风险的性质、水平及市场风险管理体系进行审计的，还应当提交外部审计报告。商业银行的市场风险管理政策和程序应当报银保监会备案。商业银行应当制定市场风险重大事项报告制度，并报银保监会备案。商业银行应当及时向银保监会报告下列事项：

（1）出现超过本行内部设定的市场风险限额的严重亏损；

（2）国内、国际金融市场发生的引起市场较大波动的重大事件将对本行市场风险水平及其管理状况产生的影响；

（3）交易业务中的违法行为；

（4）其他重大意外情况。

银保监会应当定期对商业银行的市场风险管理状况进行现场检查，检查的主要内容有：

（1）董事会和高级管理层在市场风险管理中的履职情况；

（2）市场风险管理政策和程序的完善性及其实施情况；

（3）市场风险识别、计量、监测和控制的有效性；

（4）市场风险管理系统所用假设前提和参数的合理性、稳定性；

（5）市场风险管理信息系统的有效性；

（6）市场风险限额管理的有效性；

（7）市场风险内部控制的有效性；

（8）银行内部市场风险报告的独立性、准确性、可靠性，以及向银保监会报送的与市场风险有关的报表、报告的真实性和准确性；

（9）市场风险资本的充足性；

（10）负责市场风险管理工作人员的专业知识、技能和履职情况；

（11）市场风险管理的其他情况。

对于银保监会在监管中发现的有关市场风险管理的问题，商业银行应当在规定的时限内提交整改方案并采取整改措施。银保监会可以对商业银行的市场风险管理体系提出整改建议，包括调整市场风险计量方法、模型、假设前提和参数等方面的建议。

对于在规定的时限内未能有效采取整改措施或者市场风险管理体系存在严重缺陷的商业银行，银保监会有权采取下列措施：

（1）要求商业银行增加提交市场风险报告的次数；

（2）要求商业银行提供额外相关资料；

（3）要求商业银行通过调整资产组合等方式适当降低市场风险水平；

（4）《中华人民共和国银行业监督管理法》以及其他法律、行政法规和部门规章规定的有关措施。

商业银行应当按照银保监会关于信息披露的有关规定，披露其市场风险状况的定量和定性信息，披露的信息应当至少包括以下内容：

（1）所承担市场风险的类别、总体市场风险水平及不同类别市场风险的风险头寸和风险水平；

（2）有关市场价格的敏感性分析，如利率、汇率变动对银行的收益、经济价值或财务状况的影响；

（3）市场风险管理的政策和程序，包括风险管理的总体理念、政策、程序和方法，风险管理的组织结构，市场风险计量方法及其所使用的参数和假设前提，事后检验和压力测试情况，市场风险的控制方法等；

（4）市场风险资本状况；

（5）采用内部模型的商业银行应当披露所计算的市场风险类别及其范围，计算的总体市场风险水平及不同类别的市场风险水平，报告期内最高、最低、平均和期末的风险价值，以及所使用的模型技术、所使用的参数和假设前提、事后检验和压力测试情况及检验模型准确性的内部程序等信息。

第四节

市场风险加权资产计量[①]

市场风险资本计量应覆盖商业银行交易账户[②]中的利率风险和股票风险，以及全部汇率风险和商品风险。商业银行可以不对结构性外汇风险暴露计提市场风险资本。

商业银行应当制定清晰的银行账户和交易账户划分标准，明确纳入交易账户的金融工具和商品头寸以及在银行账户和交易账户间划转的条件，确保执行的一致性。商业银行可以采用标准法或内部模型法计量市场风险资本要求。未经银保监会核准，商业银行不得变更市场风险资本计量方法。商业银行采用内部模型法未覆盖所有市场风险，可组合采用内部模型法和标准法计量市场风险资本要求，但银行集团内部同一机构不得对同一种市场风险采用不同方法计量市场风险资本要求。商业银行采用内部模型法，内部模型法覆盖率应不低于50%，其中：

内部模型法覆盖率 = 按内部模型法计量的资本要求/（按内部模型法计量的资本要求 + 按标准法计量的资本要求）×100%

商业银行市场风险加权资产为市场风险资本要求的12.5倍，即：

市场风险加权资产 = 市场风险资本要求 ×12.5

一、标准法

商业银行采用标准法，应当分别计量利率风险、汇率风险、商品风险和股票风险的资本要求，并单独计量以各类风险为基础的期权风险的资本要求。

市场风险资本要求为利率风险、汇率风险、商品风险、股票风险和期权风险的资本要求之和。利率风险资本要求和股票风险资本要求为一般市场风险资本要求和特定风险资本要求之和。

① 《商业银行资本管理办法（试行）》（银监会令〔2012〕1号）。

② 交易账户包括为交易目的或对冲交易账户其他项目的风险而持有的金融工具和商品头寸。为交易目的而持有的头寸是指短期内有目的地持有以便出售，或从实际或预期的短期价格波动中获利，或锁定套利的头寸，包括自营业务、做市业务和为执行客户买卖委托的代客业务而持有的头寸。交易账户中的金融工具和商品头寸原则上还应满足以下条件：在交易方面不受任何限制，可以随时平盘；能够完全对冲以规避风险；能够准确估值；能够进行积极的管理。

（一）利率风险

利率风险包括交易账户中的债券（固定利率和浮动利率债券、央行票据、可转让存单、不可转换优先股及按照债券交易规则进行交易的可转换债券）、利率及债券衍生工具头寸的风险。利率风险的资本要求包括特定市场风险和一般市场风险的资本要求两部分。

1. 特定市场风险

商业银行特定市场风险计提比率如表 6－1 所示，其中，政府证券包含各国中央政府和中央银行发行的各类债券和短期融资工具，我国中央政府、中国人民银行及政策性银行发行的债券的资本计提比率均为 0%。

表 6－1　　特定市场风险计提比率对应表

类别	发行主体外部评级	特定市场风险资本计提比率
政府证券	AA－以上（含 AA－）	0%
	A＋至 BBB－（含 BBB－）	0.25%（剩余期限不超过 6 个月）
		1.00%（剩余期限为 6—24 个月）
		1.60%（剩余期限为 24 个月以上）
	BB＋至 B－（含 B－）	8.00%
	B－以下	12.00%
	未评级	8.00%
合格证券	BB＋以上（不含 BB＋）	0.25%（剩余期限不超过 6 个月）
		1.00%（剩余期限为 6—24 个月）
		1.60%（剩余期限为 24 个月以上）
其他	外部评级为 BB＋以下（含）的证券以及未评级证券的资本计提比率为证券主体所适用的信用风险权重除以 12.5	

表 6－1 中所述合格证券包括：

（1）多边开发银行、国际清算银行和国际货币基金组织发行的债券。

（2）我国公共部门实体和商业银行发行的债券。

（3）被至少两家合格外部评级机构评为投资级别（BB＋以上）的发行主体发行的债券。

对于其他发行主体发行的债券，其资本计提比率为证券发行主体所对应的信用风险权重除以 12.5。

2. 一般市场风险

一般市场风险的资本要求包含以下三部分：第一，每时段内加权多头和空头头寸可相互对冲的部分所对应的垂直资本要求。第二，不同时段之间加权多头和空头头寸可相互对冲的部分所对应的横向资本要求。第三，整个交易账户的加权净多头或净空头头寸所对应的资本要求。

商业银行可以采用到期日法或久期法计算利率风险的一般市场风险资本要求。商业银行采用到期日法计算一般市场风险资本要求，应先对各头寸划分时区和时段，时段的划分和匹配的风险权重如表6－2所示，时区的划分和匹配的风险权重见表6－3。

表6－2　　　　时段和权重

票面利率不小于3%	票面利率小于3%	风险权重	假定收益率变化
不长于1个月	不长于1个月	0.00%	1.00
1—3个月	1—3个月	0.20%	1.00
3—6个月	3—6个月	0.40%	1.00
6—12个月	6—12个月	0.70%	1.00
1—2年	1.0—1.9年	1.25%	0.90
2—3年	1.9—2.8年	1.75%	0.80
3—4年	2.8—3.6年	2.25%	0.75
4—5年	3.6—4.3年	2.75%	0.75
5—7年	4.3—5.7年	3.25%	0.70
7—10年	5.7—7.3年	3.75%	0.65
10—15年	7.3—9.3年	4.50%	0.60
15—20年	9.3—10.6年	5.25%	0.60
20年以上	10.6—12年	6.00%	0.60
	12—20年	8.00%	0.60
	20年以上	12.50%	0.60

表6－3　　　　时区和权重

<table>
<tr><th>时区</th><th>时段</th><th>同一区内</th><th>相邻区之间</th><th>1区和3区之间</th></tr>
<tr><td rowspan="4">1区</td><td>0—1个月</td><td rowspan="4">40%</td><td rowspan="13">40%</td><td rowspan="13">100%</td></tr>
<tr><td>1—3个月</td></tr>
<tr><td>3—6个月</td></tr>
<tr><td>6—12个月</td></tr>
<tr><td rowspan="3">2区</td><td>1—2年</td><td rowspan="3">30%</td></tr>
<tr><td>2—3年</td></tr>
<tr><td>3—4年</td></tr>
<tr><td rowspan="6">3区</td><td>4—5年</td><td rowspan="6">30%</td></tr>
<tr><td>5—7年</td></tr>
<tr><td>7—10年</td></tr>
<tr><td>10—15年</td></tr>
<tr><td>15—20年</td></tr>
<tr><td>20年以上</td></tr>
</table>

到期日法具体计算步骤如下：

（1）各时段的头寸乘以相应的风险权重计算各时段的加权头寸。

（2）各时段的加权多头、空头头寸可相互对冲的部分乘以10%得出垂直资本要求。

（3）各时段的加权多头头寸和加权空头头寸进行抵销得出各个时段的加权头寸净额；将在各时区内各时段的加权头寸净额之间的可相互对冲的部分乘以表6－3所列的同一区内的权重得出各个时区内的横向资本要求。

（4）各时区内各时段的加权头寸净额进行抵销，得出各时区加权头寸净额；每两个时区加权头寸净额之间可相互对冲的部分乘以表6－3所列的相邻区内以及1区和3区之间的权重得出时区间的横向资本要求。

（5）各时区加权头寸净额进行抵销，得出整个交易账户的加权净多头或净空头头寸所对应的资本要求。

经银保监会核准，商业银行可以使用久期法计量一般市场风险资本要求。一旦选择使用久期法，应持续使用该方法，如变更方法需经银保监会认可。久期法具体计算步骤如下：

（1）在表6－4中找出每笔头寸期限对应的收益率变化，逐笔计算该收益率变化下的价格敏感性。

（2）将价格敏感性对应到表6－4的15级久期时段中。

（3）每个时段中的多头和空头头寸分别计提5%的垂直资本要求，以覆盖基差风险。

（4）按照到期日法的要求，计算横向资本要求。

（5）按照到期日法的规定，将各区加权头寸净额进行抵销，得出整个交易账户的加权净多头或净空头所对应的资本要求。

表6－4　久期法计算表

	假定收益率变化		假定收益率变化
1区		3区	
0—1月	1.00	3.6—4.3年	0.75
1—3月	1.00	4.3—5.7年	0.7
3—6月	1.00	5.7—7.3年	0.65
6—12月	1.00	7.3—9.3年	0.6
		9.3—10.6年	0.6
2区		10.6—12年	0.6
1—1.9年	0.90	12—20年	0.6
1.9—2.8年	0.80	20年以上	0.6
2.8—3.6年	0.75		

3. 利率及债券衍生工具

利率衍生工具包括受利率变化影响的衍生金融工具，如利率期货、远期利率协议、利率互换及交叉货币互换合约、利率期权及远期外汇头寸。债券衍生工具包括债券的远期、期货和债券期权。

衍生工具应转换为基础工具，并按基础工具的特定市场风险和一般市场风险的方法计算资本要求。利率和货币互换、远期利率协议、远期外汇合约、利率期货及利率指数期货不必计算特定市场风险的资本要求；如果期货合约的基础工具是债券或代表债券组合的指数，则应根据发行主体的信用风险计算特定市场风险资本要求。

（二）股票风险

股票风险是指交易账户中股票及股票衍生金融工具头寸的风险。其中股票是指按照股票交易规则进行交易的所有金融工具，包括普通股（不考虑是否具有投票权）、可转换债券和买卖股票的承诺。

1. 特定市场风险和一般市场风险

特定市场风险的资本要求等于各不同市场中各类股票多头头寸绝对值及空头头寸绝对值之和乘以8%后所得各项数值之和。一般市场风险对应的资本要求，等于各不同市场中各类多头及空头头寸抵销后股票净头寸的绝对值乘以8%后所得各项数值之和。

2. 股票衍生工具

股票衍生工具包括股票和股票指数的远期、期货及互换合约。衍生工具应转换为基础工具，并按基础工具的特定市场风险和一般市场风险的方法计算资本要求。

（三）外汇风险

外汇风险是指外汇（包括黄金）及外汇衍生金融工具头寸的风险。

1. 结构性外汇风险暴露

结构性外汇风险暴露是指结构性资产或负债形成的非交易性的外汇风险暴露。结构性资产或负债指经营上难以避免的策略性外币资产或负债，可包括：经扣除折旧后的固定资产和物业；与记账本位币所属货币不同的资本（营运资金）和法定储备；对海外附属公司和关联公司的投资；为维持资本充足率稳定而持有的头寸。

2. 外汇风险的资本要求

外汇风险的资本要求等于净风险暴露头寸总额乘以8%。净风险暴露头寸总额等于以下两项之和：第一，外币资产组合（不包括黄金）的净多头头寸之和（净头寸为多头的所有币种的净头寸之和）与净空头头寸之和（净头寸为空头的所有币种的净头寸之和的绝对值）中的较大者。第二，黄金的净头寸。

外汇衍生工具应转换为基础工具，并按基础工具的方法计算市场风险资本要求。

（四）商品风险

适用于商品、商品远期、商品期货、商品互换。此处的商品是指可以在二级市场买卖的实物产品，如贵金属（不包括黄金）、农产品和矿物（包括石油）等。

商品风险对应的资本要求等于以下两项之和：第一，各项商品净头寸的绝对值之和乘以15%。第二，各项商品总头寸（多头头寸加上空头头寸的绝对值）之和乘以3%。

商品衍生工具应转换为名义商品，并按上述方法计算资本要求。

（五）期权风险

1. 仅购买期权的商业银行可以使用简易的计算方法

银行如持有现货多头和看跌期权多头，或持有现货空头和看涨期权多头，资本要求等于期权合约对应的基础工具的市场价值乘以特定市场风险和一般市场风险资本要求比率之和，再减去期权溢价。资本要求最低为零。

银行如持有看涨期权多头或看跌期权多头，资本要求等于基础工具的市场价值乘以该基础工具的特定市场风险和一般市场风险资本要求比率之和与期权的市场价值两者中的较小者。

2. 同时卖出期权的商业银行应使用“得尔塔+”方法（Delta-plus）

“得尔塔+”方法计算的资本要求由以下三部分组成：

第一，期权基础工具的市值乘以该期权的得尔塔值得到得尔塔加权期权头寸，然后将得尔塔加权头寸加入基础工具的头寸中计算资本要求。

第二，伽马（Gamma）风险的资本要求。

伽马效应值 $=0.5\times Gamma\times(VU)^2$

其中，VU为期权基础工具的变动。

对于利率期权，当基础工具为债券时：

VU = 基础工具市值 × 表6-1中相应时段的风险权重

当基础工具为利率时：

VU = 基础工具市值 × 表6-1中相应时段的假定收益率变化

当基础工具为股票、股指、外汇与黄金时：

VU = 基础工具市值 × 8%

当基础工具为商品时：

VU = 基础工具市值 × 15%

同一基础工具每项期权对应的伽马效应值相加得出每一基础工具的净伽马效应值。仅当基础工具的净伽马效应值为负值时，才需计算相应的资本要求，且资本要求总额等于这些净伽马效应值之和的绝对值。

第三，维加（Vega）风险的资本要求。

基础工具维加风险的资本要求 = 25% × 该基础工具波动率 × |该基础工具的各项期权的维加值之和|

维加风险的资本要求总额等于各项基础工具维加风险的资本要求之和。

（六）承销

商业银行采取包销方式承销债券等工具时，应使用下述方法计提相应的市场风险资本，并按以下公式确定需计提市场风险资本的承销业务风险暴露额：

需计提市场风险资本的承销业务风险暴露额 = 每日日终承销余额 × 转换系数

自确定承销债券的金额和价格之日起，转换系数为 50%；自缴款日起，将转换系数调为 100%，直至债券全部出售。每日计算得出的需计提市场风险资本要求承销业务风险暴露作为交易账户头寸，根据所承销债券的类型和发行主体，计算相应的市场风险资本要求，包括一般市场风险和特定市场风险。

二、内部模型法

（一）内部模型法应涵盖的风险因素

1. 利率风险

对利率风险的计量要求，第一，每一种计价货币的利率所对应的一系列风险因素都应包含在内部模型中。第二，商业银行应采用业内普遍接受的方法构建内部模型中的收益率曲线。该收益率曲线应划分为不同的到期时间，以反映收益率的波动性沿到期时间的变化；每一个到期时间都应对应一个风险因素。第三，对于主要货币和主要市场的利率变化所产生的较大风险暴露，商业银行应采用至少六个风险因素构建收益率曲线。风险因素的数量应最终由商业银行交易策略的复杂程度决定。第四，风险因素必须能反映主要的利差风险。

2. 股票风险

对股票风险的计量要求，第一，内部模型须包含与商业银行所持有的每一个较大股票头寸所属交易市场相对应的风险因素。第二，对每一个股票市场，内部模型中至少须包含一个用于反映股价变动的综合市场风险因素（如股指）。投资于个股或行业股指的头寸可表述为与该综合市场风险因素相对应的“beta 等值”；第三，鼓励商业银行在内部模型中采用市场的不同行业所对应风险因素，如制造业、周期性及非周期性行业等；最审慎的做法是对每只股票的波动性都设立风险因素。第四，对于一个给定的市场，建模技术的特点及复杂程度应与商业银行对该市场的风险暴露以及个股的集中度相匹配。

3. 汇率风险

内部模型中须包含与其所持有的每一种风险暴露较大的外币（包括黄金）与本币汇率相对应的风险因素。

4. 商品风险

对商品风险的计量要求，第一，内部模型中须包含与商业银行持有的每一个较大商品头寸所属交易市场相对应的风险因素。第二，对于以商品为基础的金融工具头寸相对有限的商业银行，可以采用简化的风险因素界定方法，即，每一种银行有风险暴露的商品价格都有一个对应的风险因素；如果商业银行持有的总商品头寸较小，也可采用一个风险因素作为一系列相关商品的风险因素。第三，对于交易比较活跃的商品，内部模型必须考虑衍生品头寸（如持有远期、掉期）和实物商品之间“便利性收益率”不同。

5. 其他

内部模型应包含能有效反映与上述四大类别市场风险相关的期权性风险、基差风险和相关性风险等风险因素。原则上，商业银行所使用的定价和估值模型中的风险因素都应包含在内部模型中。如未包含，则应说明其合理性。

（二）内部模型法的最低定性要求

商业银行使用内部模型法应满足银保监会关于市场风险管理的要求，并符合如下定性要求：

资本计量应与其日常市场风险管理活动紧密结合，包括：第一，资本计量应基于日常市场风险管理的内部模型，而非针对市场风险资本要求计算特别改进过的模型。第二，模型应完全融入商业银行的日常市场风险管理过程，并作为提交高级管理层的风险报告的基础。模型结果应作为市场风险管理的必要组成部分。第三，风险计量系统应与交易限额结合使用。交易限额与模型的联系应该保持一致，并被高级管理层所理解。

由独立的风险管理部门提供的市场风险每日报告应由一定层级的管理人员审阅，且该管理人员应有足够授权强制减少单个交易员的头寸和整个银行的风险暴露。

商业银行应建立独立于业务部门并直接向高级管理层报告的市场风险管理部门。该风险管理部门应负责设计和实施商业银行的风险管理体系，每日编制并分析基于风险计量模型输出结果的报告。

商业银行应拥有足够的能在交易、风险控制、审计和后台工作中使用复杂模型的员工。商业银行应按照本办法的相关要求定期进行压力测试。商业银行应建立足够支持其内部模型运行的信息系统。商业银行所使用的内部模型应足够文档化，相关的文档应具备足够的细节。

（三）内部模型法的最低定量要求

商业银行可使用任何能够反映其所有主要风险的模型方法计算市场风险资本要求，包括但不限于方差—协方差法、历史模拟法和蒙特卡罗模拟法等。

商业银行如采用内部模型法，其最低市场风险资本要求为一般风险价值及压力风险价值之和，一般风险价值和压力风险价值（sVaR）的计算应符合本办法的最低定量标准。商业银行应在每个交易日计算一般风险价值，使用单尾、99%的置信区间。计算一般风险价值时，商业银行使用的持有期应为10个交易日。

商业银行可使用更短的持有期并将结果转换为10天的持有期（如使用时间平方根法），但应定期向银保监会证明此种方法的合理性。计算一般风险价值采用的观察期应符合下列要求：

（1）观察期长度应至少为1年（或250个交易日）。

（2）使用加权法或其他类似方法处理历史数据，有效观察期至少为1年，即当使用加权法时，历史数据点的加权平均时间不得少于6个月。

（3）商业银行可使用不完全满足上述第2项要求的其他加权法处理历史数据，但应确保计算得出的资本要求不低于按上述第2项计算的结果。

在计算一般风险价值的基础上，商业银行还应对其现有的资产组合计算压力风险价值，压力风险价值应覆盖商业银行所有的主要市场风险。

压力风险价值的计算要求包括：第一，应至少每周计算压力风险价值。第二，选用给商业银行造成重大损失的连续的12个月期间作为显著金融压力情景，并使用经该期间历史数据校准后的数据作为计算基础。第三，选用的连续12个月的压力期间是指包括极端金融压力事件的连续期间，若极端压力事件的持续期间少于12个月，银行应使用适当方法将期间扩展至12个月。第四，选用的连续12个月的压力期间应与商业银行自身的资产组合相关。第五，商业银行选取压力期间的方法须经银保监会认可。商业银行应将按认可方法确定的压力期间报备银保监会，并须定期对其进行审核。

商业银行应确保用于内部模型的数据的可靠性。在无法取得可靠数据时，可使用替代数据或其他合理的风险价值计量技术。商业银行应能够证明使用技术的合理性，并且不会实质性地低估风险。

商业银行应至少每月更新一次数据集。如市场风险因素的变动使商业银行需更频繁地更新才能确保风险价值模型数据的审慎性，则应提高更新频率。数据集更新流程应足够灵活以适应提高更新频率的要求。

（四）内部模型法计量特定市场风险资本的要求

商业银行可以采用内部模型法计量利率风险和股票风险的特定市场风险资本要求。除符合本附件关于内部模型法最低定性和定量要求外，采用内部模型法计量特定市场风险资本要求时，内部模型应包含能反映所有引起价格风险的重要因素，并且可对市场状况和交易组合变化做出反应，并符合以下要求；否则，商业银行应使用标准法计量特定市场风险资本要求。

（1）可解释交易组合的历史价格变化。

（2）可反映集中度风险。

（3）在不利的市场环境中保持稳健。

（4）可反映与基础工具相关的基差风险。

（5）可反映事件风险。

（6）已通过返回检验验证。

（7）内部模型应保守地估计由流动性较差或价格透明度有限的头寸带来的风险。

（五）内部模型法计量新增风险资本的要求

商业银行如采用内部模型法计量特定市场风险资本要求，应同时使用内部模型计量新增风险资本要求，其中新增风险是指未被风险价值模型计量的与利率类及股票类产品相关的违约和评级迁移风险。商业银行使用的内部模型未能覆盖新增风险的，则应采用标准法计算特定市场风险资本要求。

商业银行采用内部模型法计算新增风险，应覆盖利率类新增风险；经银监会认可，可覆盖股票类新增风险。新增风险资本计算的持有期为 1 年，置信区间为 99.9%。新增风险的资本要求为以下两项中的较大值：第一，过去 12 周的新增风险均值。第二，最近一次计算得到的新增风险价值。

商业银行应至少每周计算一次新增风险的资本要求。商业银行计量新增风险的模型应满足在 1 年持有期内恒定风险水平的假设条件，并根据集中度、风险对冲策略和期权特征加以调整；同时也应反映可能影响多个证券发行人的市场性事件。

商业银行的新增风险模型应充分考虑产品或组合的流动性期限。流动性期限是指在压力市场条件下，以不影响市场价格为前提，平仓或完全对冲新增风险所需的期限。

流动性期限可以按照头寸或者组合为单位进行估计；如果以组合为单位估计流动性期限，应对组合的划分方法予以清晰定义，以合理反映不同组合的流动性期限差异。

对非投资级产品、二级市场流动性不足的产品和从未大幅下跌过的产品的流动性期限应予以审慎估计。

流动性期限不得低于 3 个月。商业银行的新增风险模型应充分考虑违约和评级迁移事件的相关性，但不得考虑新增风险与其他市场风险因素的对冲或分散化效应。

轧差计算仅适用于同一产品的多空头寸；产品的基差风险、优先级结构、评级、期限和轧差误差都须予以合理计量。

商业银行的新增风险模型在满足以下条件时可以考虑动态对冲策略的对冲效果，而不将其作为对冲误差处理：

（1）动态对冲策略一致地应用于交易账户的所有相关头寸。

（2）证明采用动态对冲策略是一种较好的风险管理方法。

（3）证明对冲工具有足够的流动性以保证即便在压力市场条件下仍然能够采取动态对冲策略管理风险。

（六）返回检验要求

商业银行应比较每日的损益数据与内部模型产生的风险价值数据，进行返回检验，依据最近一年内突破次数确定市场风险资本计算的附加因子，并按季度将返回检验结果及附加因子调整情况报告银监会。银监会对商业银行返回检验结果和附加因子调整情况进行监督。

符合以下情况的，商业银行可向银监会申请不根据实际突破次数调整附加因子：

（1）商业银行如能合理说明其使用的模型基本稳健，以及突破事件只属暂时性质，则银监会可以决定不将该突破事件计入突破次数。

（2）当金融市场发生实质性的制度转变时，市场数据的波动与相关系数的重大变化可能引发短时间内的大量突破事件。在这种情况下，银监会可要求商业银行尽快把制度转变的因素纳入其内部模型，这一过程中可暂不调高附加因子。

内部模型的返回检验应至少满足以下要求：

（1）商业银行应每日计算基于 T－1 日头寸的风险价值与 T 日的损益数据并进行比较，如损失超过风险价值则称为发生一次突破。

（2）上述风险价值的持有期为1天，置信区间、计算方法以及使用的历史数据期限等参数应与使用内部模型法计提市场风险资本要求时所用参数保持一致。

（3）突破的统计方法采用简单突破法，即每季度末统计过去250个交易日的返回检验结果中总计发生的突破次数。

（4）商业银行向银监会申请实施内部模型法时，应建立返回检验流程，并积累至少一年的返回检验结果数据。

使用内部模型法计量特定市场风险资本要求的，商业银行应对相关的利率和股票类子组合进行返回检验。

商业银行应建立返回检验的文档管理和报告制度。商业银行应对返回检验过程及结果建立完整的书面文档记录，以供内部管理、外部审计和银监会查阅使用。返回检验突破事件发生后，应及时书面报告商业银行负责市场风险管理的高级管理层成员。商业银行正式实施市场风险内部模型法后，应每季度将过去250个交易日的返回检验结果报告提交银监会。

按照过去250个交易日的返回检验突破次数，其结果可分为绿区、黄区和红区三个区域。绿区，包括0—4次突破事件。绿区代表返回检验结果并未显示商业银行的内部模型存在问题。黄区，包括5—9次突破事件。黄区代表返回检验结果显示商业银行的内部模型可能存在问题，但有关结论尚不确定，因此，模型是准确或不准确均有可能。通常情况下，随着出现突破事件次数由5次增加至9次，模型不准确的可能性会逐步增大。红区，包括10次或以上突破事件。红区代表返回检验结果显示商业银行的内部模型存在问题的可能性极大。市场风险返回检验突破次数、分区及资本附加因子的对应关系见表6－5。

表6－5　突破次数与附加因子关系表

分区	过去250个交易日的返回检验突破次数	资本附加因子
绿区	少于5次	0.00
黄区	5次	0.40
	6次	0.50
	7次	0.65
	8次	0.75
	9次	0.85
红区	10次或以上	1.00

（七）模型验证要求

商业银行采用内部模型法计算市场风险监管资本要求，应按本办法的规定对市场风险内部模型及支持体系进行验证，确保模型理论正确、假设合理、数据完整、模型运行情况良好、计算准确、使用分析恰当。

（八）压力测试要求

商业银行使用内部模型法计量市场风险资本要求，应按本办法要求进行相应的压力测试。商业银行压力测试所用的压力情景应涵盖可能使其交易组合产生重大损失、对其交易组合造成重大不利影响，或会引致风险事前或事后管理相当困难的各种潜在风险因素。这些风险因素应包括各种主要风险类别中的低概率事件，并反映事件对具有线性和非线性价格特征的头寸的影响。

商业银行应具备按日进行压力测试的能力。同时，应定期评估压力情景下的风险状况，尤其应对压力测试所揭示的主要风险点和脆弱环节予以特别关注，若压力测试显示商业银行受某种特定情景的负面影响显著，应通过降低风险暴露或分配更多资本等方式进行管理。

商业银行应制定市场风险压力测试方案。压力测试方案应重点关注如下方面：集中度风险、压力市场条件下的市场流动性不足、单一走势市场、事件风险、非线性产品及内部模型可能无法适当反映的其他风险。

压力测试方案应得到商业银行董事会及高级管理层的批准，并进行定期评估和修订。高级管理层应定期审查压力测试结果，在评估资本充足程度时予以考虑，并在管理层和董事会制定的政策和限额中予以体现。

压力测试应同时具有定量和定性标准，同时考虑由市场动荡引起的市场风险和流动性风险。定量标准应明确商业银行可能会面对的压力情况；定性标准应强调压力测试目标是评估商业银行资本吸纳潜在大额亏损的能力，及寻求可以采取的降低风险及节约资本的措施。

商业银行应选用最适合其业务规模及复杂程度的压力测试技术，包括敏感性测试和情景测试等。商业银行可以根据其组合的持仓规模、结构特点和复杂程度，确定压力情景的具体内容，并涵盖不同的严峻程度。压力情景依其性质可以分为：

（1）无须银行模拟的监管要求情景。商业银行应报告其每季度 5 个最大单日损失信息，供银监会审查。损失信息应与其内部计量系统计算出的资本水平相对比。

（2）银行模拟的历史情景。商业银行应分别测试其交易组合在两类历史情景下的表现：第一类是当市场价格发生剧烈波动或市场流动性急剧下降时的历史情景；第二类是当风险因素的相关性和波动率发生极端变化时的历史情景。

（3）商业银行自行设计的反映其交易组合特性的压力情景。商业银行应根据其自身资产组合特性，自行设计压力测试情景，识别最不利的市场情况。商业银行应向银监会说明其识别和执行此类压力情景的方法，并说明此类情景引发的结果。

商业银行应制定完备流程以确保进行全面的市场风险压力测试。相关流程应至少包括以下内容：分析交易组合特性及其业务所处的外部市场环境，以确定应在压力情况下进行测试的主要风险因素；设计适当的交易组合压力测试，包括可能的压力事件及情况的具体说明；以文件形式记录压力测试所用的假设及得出有关假设的方法；定期进行压力测试，分析压力测试结果以确定易受影响的环节及潜在风险；向商业银行高级管理层及有关管理人员报告压力测试结果；确定在压力情况下应采取的适当补救措施，以应对压力测试发现的潜在风险；向董事会报告有关压力测试结果及拟采取的补救措施。

商业银行应根据交易组合特性及外部市场环境的变化，定期审核压力测试方案，评估压力测试所使用的基本假设是否仍然有效。审核应至少包括以下内容：压力测试方案涵盖的风险因素；压力测试是否融入日常风险管理；压力测试程序的核准过程，包括其后做出重大修改的授权；进行压力测试所用持仓数据的准确性及完整性；进行压力测试所用数据来源的一致性、及时性和可靠性；压力测试程序的文档记录的充分性。

（九）报告要求

商业银行获准使用内部模型法计算市场风险资本要求后，应每季度向银监会报告内部模型的运行情况。报告内容至少应包括：模型方法、内容及覆盖面的重大变化，本期返回检验的结果，信息系统及管理层的重大变化，与市场风险有关的新业务开展情况等。

（十）内部模型法

商业银行采用内部模型法，其一般市场风险资本要求为一般风险价值与压力风险价值之和，即：

$$K = \max(VaR_{t-1}, mc \times VaRavg) + \max(sVaR_{t-1}, ms \times sVaRavg)$$

其中，VaR 为一般风险价值，为以下两项中的较大值：根据内部模型计量的上 交易日的风险价值（VaR_{t-1}），或最近 60 个交易日风险价值的均值（VaRavg）乘以 mc。mc 最小为 3，根据返回检验的突破次数可以增加附加因子。sVaR 为压力风险价值，为以下两项中的较大值：根据内部模型计量的上一交易日的压力风险价值（$sVaR_{t-1}$）或最近 60 个交易日压力风险价值的均值（sVaRavg）乘以 ms，ms 最小为 3。

复习思考题

1. 市场风险管理体系包括哪些基本要素？
2. 简述市场风险管理政策和程序的主要内容？
3. 商业银行对市场风险管理体系的内部审计应当包括哪些内容？
4. 简述利率风险的主要内容。
5. 简述股票风险的主要内容。

【知识拓展】

市场风险相关名词解释

1. 重新定价风险（Repricing Risk）、收益率曲线风险（Yield Curve Risk）、基准风险（Basis Risk）、期权性风险（Optionality）

利率风险按照来源的不同，可以分为重新定价风险、收益率曲线风险、基准风险和期权性风险。

- 重新定价风险（Repricing Risk）

重新定价风险也称为期限错配风险，是最主要和最常见的利率风险形式，来源于银行资产、负债和表外业务到期期限（就固定利率而言）或重新定价期限（就浮动利率而言）所存在的差异。这种重新定价的不对称性使银行的收益或内在经济价值会随着利率的变动而变化。例如，如果银行以短期存款作为长期固定利率贷款的融资来源，当利率上升时，贷款的利息收入是固定的，但存款的利息支出却会随着利率的上升而增加，从而使银行的未来收益减少和经济价值降低。

- 收益率曲线风险（Yield Curve Risk）

重新定价的不对称性也会使收益率曲线斜率、形态发生变化，即收益率曲线的非平行移动，对银行的收益或内在经济价值产生不利影响，从而形成收益率曲线风险，也称为利率期限结构变化风险。例如，若以5年期政府债券的空头头寸为10年期政府债券的多头头寸进行保值，当收益率曲线变陡的时候，虽然上述安排已经对收益率曲线的平行移动进行了保值，但该10年期债券多头头寸的经济价值还是会下降。

- 基准风险（Basis Risk）

基准风险也称为利率定价基础风险，是另一种重要的利率风险来源。在利息收入和利息支出所依据的基准利率变动不一致的情况下，虽然资产、负债和表外业务的重新定价特征相似，但因其现金流和收益的利差发生了变化，也会对银行的收益或内在经济价值产生不利影响。例如，一家银行可能用一年期存款作为一年期贷款的融资来源，贷款按照美国国库券利率每月重新定价一次，而存款则按照伦敦同业拆借市场利率每月重新定价一次。虽然用一年期的存款为来源发放一年期的贷款，由于利率敏感性负债与利率敏感性资产的重新定价期限完全相同而不存在重新定价风险，但因为其基准利率的变化可能不完全相关，变化不同步，仍然会使该银行面临着因基准利率的利差发生变化而带来的基准风险。

- 期权性风险（Optionality）

期权性风险是一种越来越重要的利率风险，来源于银行资产、负债和表外业务中所隐含的期权。一般而言，期权赋予其持有者买入、卖出或以某种方式改变某一金融工具或金融合同的现金流量的权利，而非义务。期权可以是单独的金融工具，如场内（交易所）交易期权和场外期权合同，也可以隐含于其他的标准化金融工具之中，如债券或存款的提前兑付、贷款的提前偿还等选择性条款。一般而言，期权和期权性条款都是在对买方有利而对卖方不利时执行，因此，此类期权性工具因具有不对称的支付特征而会给卖方带来风险。比如，若利率变动对存款人或借款人有利，存款人就可能选择重新安排存款，借款人可能选择重新安排贷款，从而对银行产生不利影响。如今，越来越多的期权品种因具有较高的杠杆效应，还会进一步增大期权头寸可能会对银行财务状况产生的不利影响。

2. 缺口分析（Gap Analysis）

缺口分析是衡量利率变动对银行当期收益的影响的一种方法。具体而言，就是将银行的所有生息资产和付息负债按照重新定价的期限划分到不同的时间段（如1个月以下，1—3个月，3个月—1年，1—5年，5年以上等）。在每个时间段内，将利率敏感性资产减去利率敏感性负债，再加上表外业务头寸，就得到该时间段内的重新定价“缺口”。以该缺口乘以假定的利率变动，即得出这一利率变动对净利息收入变动的大致影响。当某一时段内的负债大于资产（包括表外业务头寸）时，就产生了负缺口，即负债敏感型缺口，此时市场利率上升会导致银行的净利息收入下降。相反，当某一时段内的资产（包括表外业务头寸）大于负债时，就产生了正缺口，即资产敏感型缺口，此时市场利率下降会导致银行的净利息收入下降。缺口分析中的假定利率变动可以通过多种方式来确定，如根据历史经验确定、根据银行管理层的判断确定和模拟潜在的未来利率变动等方式。

缺口分析是对利率变动进行敏感性分析的方法之一，是银行业较早采用的利率风险计量方法。因为其计算简便、清晰易懂，目前仍然被广泛使用。但是，缺口分析也存在一定的局限性。第一，缺口分析假定同一时间段内的所有头寸到期时间或重新定价时间相同，因此忽略了同一时段内不同头寸的到期时间或利率重新定价期限的差异。在同一时间段内的加总程度越高，对计量结果精确性的影响就越大。第二，缺口分析只考虑了由重新定价期限的不同而带来的利率风险，即重新定价风险，未考虑当利率水平变化时，因各种金融产品基准利率的调整幅度不同而带来的利率风险，即基准风险。同时，缺口分析也未考虑因利率环境改变而引起的支付时间的变化，即忽略了与期权有关的头寸在收入敏感性方面的差异。第三，非利息收入和费用是银行当期收益的重要来源，但大多数缺口分析未能反映利率变动对非利息收入和费用的影响。第四，缺口分析主要衡量利率变动对银行当期收益的影响，未考虑利率变动对银行经济价值的影响，所以只能反映利率变动的短期影响。因此，缺口分析只是一种初级的、粗略的利率风险计量方法。

3. 久期分析（Duration Analysis）

久期分析也称为持续期分析或期限弹性分析，是衡量利率变动对银行经济价值影响的一种方法。具体而言，就是对各时段的缺口赋予相应的敏感性权重，得到加权缺口，然后对所有时段的加权缺口进行汇总，以此估算某一给定的小幅（通常小于1%）利率变动可能会对银行经济价值产生的影响（用经济价值变动的百分比表示）。各个时段的敏感性权重通常是由假定的利率变动乘以该时段头寸的假定平均久期来确定。一般而言，金融工具的到期日或距下一次重新定价日的时间越长，并且在到期日之前支付的金额越小，则久期的绝对值越高，表明利率变动将会对银行的经济价值产生较大的影响。久期分析也是对利率变动进行敏感性分析的方法之一。

银行可以对以上的标准久期分析法进行演变，如可以不采用对每一时段头寸使用平均久期的做法，而是通过计算每项资产、负债和表外头寸的精确久期来计量市场利率变化所产生的影响，从而消除加总头寸/现金流量时可能产生的误差。另外，银行还可以采用有效久期分析法，即对不同的时段运用不同的权重，根据在特定的利率变化情况下，假定金融工具市场价值的实际百分比变化，来设计各时段风险权重，从而更好地反映市场利率的显著变动所导致的价格的非线性变化。

与缺口分析相比较，久期分析是一种更为先进的利率风险计量方法。缺口分析侧重于计量利率变动对银行短期收益的影响，而久期分析则能计量利率风险对银行经济价值的影响，即估算利率变动对所有头寸的未来现金流现值的潜在影响，从而能够对利率变动的长期影响进行评估，更为准确地估算利率风险对银行的影响。但是，久期分析仍然存在一定的局限性。第一，如果在计算敏感性权重时对每一时段使用平均久期，即采用标准久期分析法，久期分析仍然只能反映重新定价风险，不能反映基准风险，以及因利率和支付时间的不同而导致的头寸的实际利率敏感性差异，也不能很好地反映期权性风险。第二，对于利率的大幅变动（大于1%），由于头寸价格的变化与利率的变动无法近似为线性关系，因此，久期分析的结果就不再准确。

4. 外汇敞口分析（Foreign Currency Exposure Analysis）

外汇敞口分析是衡量汇率变动对银行当期收益的影响的一种方法。外汇敞口主要来源于银行表内外业务中的货币错配。当在某一时段内，银行某一币种的多头头寸与空头头寸不一致时，所产生的差额就形成了外汇敞口。在存在外汇敞口的情况下，汇率变动可能会给银行的当期收益或经济价值带来损失，从而形成汇率风险。在进行敞口分析时，银行应当分析单一币种的外汇敞口，以及各币种敞口折成报告货币并加总轧差后形成的外汇总敞口。对单一币种的外汇敞口，银行应当分析即期外汇敞口、远期外汇敞口和即期、远期加总轧差后的外汇敞口。银行还应当对交易业务和非交易业务形成的外汇敞口加以区分。对因存在外汇敞口而产生的汇率风险，银行通常采用套期保值和限额管理等方式进行控制。外汇敞口限额包括对单一币种的外汇敞口限额和外汇总敞口限额。外汇敞口分析是银行业较早采用的汇率风险计量方法，具有计算简便、清晰易懂的优点。但是，外汇敞口分析也存在一定的局限性，主要是忽略了各币种汇率变动的相关性，难以揭示由于各币种汇率变动的相关性所带来的汇率风险。

5. 敏感性分析（Sensitivity Analysis）

敏感性分析是指在保持其他条件不变的前提下，研究单个市场风险要素（利率、汇率、股票价格和商品价格）的变化可能会对金融工具或资产组合的收益或经济价值产生的影响。例如，缺口分析可用于衡量银行当期收益对利率变动的敏感性；久期分析可用于衡量银行经济价值对利率变动的敏感性。巴塞尔委员会在2004年发布的《利率风险管理与监管原则》中，要求银行评估标准利率冲击（如利率上升或下降200个基点）对银行经济价值的影响，也是一种利率敏感性分析方法，目的是使监管当局能够根据标准利率冲击的评估结果，评价银行的内部计量系统是否能充分反映其实际利率风险水平及其资本充足程度，并对不同机构所承担的利率风险进行比较。如果在标准利率冲击下，银行经济价值的下降幅度超过一级资本、二级资本之和的20%，监管机构就必须关注其资本充足状况，必要时还应要求银行降低风险水平和/或增加资本。

敏感性分析计算简单且便于理解，在市场风险分析中得到了广泛应用。但是敏感性分析也存在一定的局限性，主要表现在对于较复杂的金融工具或资产组合，无法计量其收益或经济价值相对市场风险要素的非线性变化。因此，在使用敏感性分析时要注意其适用范围，并在必要时辅以其他的市场风险分析方法。

6. 情景分析（Scenario Analysis）

与敏感性分析对单一因素进行分析不同，情景分析是一种多因素分析方法，结合设定的各种可能情景的发生概率，研究多种因素同时作用时可能产生的影响。在情景分析过程中要注意考虑各种头寸的相关关系和相互作用。情景分析中所用的情景通常包括基准情景、最好的情景和最坏的情景。情景可以人为设定（如直接使用历史上发生过的情景），也可以从对市场风险要素历史数据变动的统计分析中得到，或通过运行描述在特定情况下市场风险要素变动的随机过程得到。如银行可以分析利率、汇率同时发生变化时可能会对其市场风险水平产生的影响，也可以分析在发生历史上出现过的政治、经济事件或金融危机以及一些假设事件时，其市场风险状况可能发生的变化。

7. 风险价值（Value at Risk，VaR）

风险价值是指在一定的持有期和给定的置信水平下，利率、汇率等市场风险要素发生变化时可能对某项资金头寸、资产组合或机构造成的潜在最大损失。例如，在持有期为一天、置信水平为99%的情况下，若所计算的风险价值为1万美元，则表明该银行的资产组合在一天中的损失有99%的可能性不会超过1万美元。风险价值通常是由银行的市场风险内部定量管理模型来估算。目前常用的风险价值模型技术主要有三种：方差—协方差法（Variance - Covariance Method）、历史模拟法（Historical Simulation Method）和蒙特卡洛法（Monte Carlo Simulation Method）。现在，风险价值已成为计量市场风险的主要指标，也是银行采用内部模型计算市场风险资本要求的主要依据。

市场风险内部模型的技术方法、假设前提和参数设置可以有多种选择，在进行内部风险管理时，银行通常都根据本行的发展战略、风险管理目标和业务复杂程度自行设定。只是对于市场风险监管资本的计算，巴塞尔委员会和大多数监管当局才做出了一些统一规定，目的是使不同银行所计算的市场风险监管资本具有一致性和可比性，同时从审慎监管的角度出发，对一些参数，如持有期做出了相对保守的规定。巴塞尔委员会在1996年的《资本协议市场风险补充规定》中对市场风险内部模型主要提出了以下定量要求：置信水平采用99%的单尾置信区间；持有期为10个营业日；市场风险要素价格的历史观测期至少为1年；至少每3个月更新一次数据。但是，在模型技术方面，巴塞尔委员会和各国监管当局均未做出硬性要求，允许银行自行选择三种常用模型技术中的任何一种。即使是对VaR模型参数设置做出的定量规定，也仅限于在计算市场风险监管资本时遵循，商业银行实施内部风险管理完全可以选用不同的参数值。如巴塞尔委员会要求计算监管资本应采用99%的置信水平，而不少银行在内部管理时却选用95%、97.5%的置信水平。此外，考虑到市场风险内部模型本身存在的一些缺陷，巴塞尔委员会要求在计算市场风险监管资本时，必须将计算出来的风险价值乘以一个乘数因子（Multiplication Factor），使所得出的资本数额足以抵御市场发生不利变化可能对银行造成的损失。乘数因子一般由各国监管当局根据其对银行风险管理体系质量的评估自行确定，巴塞尔委员会规定该值不得低于3。

目前，市场风险内部模型已成为市场风险的主要计量方法。与缺口分析、久期分析等传统的市场风险计量方法相比，市场风险内部模型的主要优点是可以将不同业务、不同类别的市场风险用一个确切的数值（VaR值）表示出来，是一种能在不同业务和风险类别之间进行比较和汇总的市场风险计量方法，而且将隐性风险显性化之后，有利于进行风险的监测、管理和控制。同时，由于风险价值具有高度的概括性，简明易懂，也适宜董事会和高级管理层了解本行市场风险的总体水平。但是，市场风险内部模型法也存在一定的局限性。第一，市场风险内部模型计算的风险水平高度概括，不能反映资产组合的构成及其对价格波动的敏感性，因此对具体的风险管理过程作用有限，需要辅之以敏感性分析、情景分析等非统计类方法。第二，市场风险内部模型方法未涵盖价格剧烈波动等可能会对银行造成重大损失的突发性小概率事件，因此需要采用压力测试对其进行补充。第三，大多数市场风险内部模型只能计量交易业务中的市场风险，不能计量非交易业务中的市场风险。因此，使用市场风险内部模型的银行应当充分认识其局限性，恰当理解和运用模型的计算结果。

8. 事后检验（Back Testing）

事后检验是指将市场风险计量方法或模型的估算结果与实际发生的损益进行比较，以检验计量方法或模型的准确性、可靠性，并据此对计量方法或模型进行调整和改进的一种方法。若估算结果与实际结果近似，则表明该风险计量方法或模型的准确性和可靠性较高；若两者差距较大，则表明该风险计量方法或模型的准确性和可靠性较低，或者是事后检验的假设前提存在问题；介于这两种情况之间的检验结果，则暗示该风险计量方法或模型存在问题，但结论不确定。目前，事后检验作为检验市场风险计量方法或模型的一种手段还处在发展过程中。不同银行采用的事后检验方法以及对事后检验结果的解释标准均有所不同。

巴塞尔委员会1996年的《资本协议市场风险补充规定》要求采用内部模型计算市场风险资本的银行对模型进行事后检验，以检验并提高模型的准确性和可靠性。监管当局应根据事后检验的结果决定是否通过设定附加因子（Plus Factor）来提高市场风险的监管资本要求。附加因子设定在最低乘数因子（巴塞尔委员会规定为3）之上，取值在0—1。如果监管当局对模型的事后检验结果比较满意，模型也满足了监管当局规定的其他定量和定性标准，就可以将附加因子设为0，否则可以设为0—1之间的一个数，即通过增大所计算VaR值的乘数因子，对内部模型存在缺陷的银行提出更高的监管资本要求。

9. 压力测试（Stress Testing）

商业银行不仅应采用各种市场风险计量方法对在一般市场情况下所承受的市场风险进行分析，还应当通过压力测试来估算突发的小概率事件等极端不利情况可能对其造成的潜在损失，如在利率、汇率、股票价格等市场风险要素发生剧烈变动、国内生产总值大幅下降、发生意外的政治和经济事件或者几种情形同时发生的情况下，银行可能遭受的损失。压力测试的目的是评估银行在极端不利情况下的亏损承受能力，主要采用敏感性分析和情景分析方法进行模拟和估计。

在运用敏感性分析方法进行压力测试时，需要回答的问题如：汇率冲击对银行净外汇头寸的影响，利率冲击对银行经济价值或收益产生的影响，等等。在运用情景分析方法进行压力测试时，应当选择可能对市场风险产生最大影响的情景，包括历史上发生过重大损失的情景（如1997年的亚洲金融危机）和假设情景。假设情景又包括模型假设和参数不再适用的情形、市场价格发生剧烈变动的情形、市场流动性严重不足的情形，以及外部环境发生重大变化、可能导致重大损失或风险难以控制的情景。这些情景或者由监管当局规定，或者由商业银行根据自己的资产组合特点来设计。在设计压力情景时，既要考虑市场风险要素变动等微观因素，又要考虑一国经济结构和宏观经济政策变化等宏观层面因素。

10. 银行账户与交易账户（Banking Book and Trading Book）

银行的表内外资产可分为银行账户和交易账户资产两大类。巴塞尔委员会2004年的《新资本协议》对其1996年《资本协议市场风险补充规定》中的交易账户定义进行了修改，修改后的定义为：交易账户记录的是银行为交易目的或规避交易账户其他项目的风险而持有的可以自由交易的金融工具和商品头寸。记入交易账户的头寸必须在交易方面不受任何条款限制，或者能够完全规避自身风险。而且，银行应当对交易账户头寸经常进行准确估值，并积极管理该项投资组合。为交易目的而持有的头寸是指，在短期内有目的地持有以便转手出售、从实际或预期的短期价格波动中获利或者锁定套利（Lock in Arbitrage Profits）的头寸，如自营头寸、代客买卖头寸和做市交易（Market Making）形成的头寸。记入交易账户的头寸应当满足以下基本要求：一是具有经高级管理层批准的书面的头寸/金融工具和投资组合的交易策略（包括持有期限）；二是具有明确的头寸管理政策和程序；三是具有明确的监控头寸与银行交易策略是否一致的政策和程序，包括监控交易规模和交易账户的头寸余额。是否具有交易目的在交易之初就已确定，此后一般不能随意更改。与交易账户相对应，银行的其他业务归入银行账户，最典型的是存贷款业务。交易账户中的项目通常按市场价格计价（Mark - to - Market），当缺乏可参考的市场价格时，可以按模型定价（Mark - to - Model）。按模型定价是指将从市场获得的其他相关数据输入模型，计算或推算出交易头寸的价值。银行账户中的项目则通常按历史成本计价。

商业银行应当制定关于账户划分的内部政策和程序，内容应包括：对交易业务的界定、应列入交易账户的金融工具、对交易和非交易岗位及其职责的严格划分、金融工具或投资组合的交易策略、交易头寸的管理政策和程序、监控交易头寸与交易策略是否一致的程序等。同时，银行应保留完整的交易和账户划分记录，以便进行查询，并接受内部、外部审计和监管当局的监督检查。另外，商业银行应当根据银行账户和交易账户的性质和特点，采取相应的市场风险识别、计量、监测和控制方法。

划分银行账户和交易账户也是准确计算市场风险监管资本的基础。巴塞尔委员会于1996年1月颁布的《资本协议市场风险补充规定》以及大多数国家据此制定的资本协议将市场风险纳入了资本要求的范围，但未涵盖全部的市场风险，所包括的是在交易账户中的利率和股票价格风险以及在银行和交易账户中的汇率和商品价格风险。因此，若账户划分不当，会影响市场风险资本要求的准确程度；若银行在两个账户之间随意调节头寸，则会为其根据需要调整所计算的资本充足率提供监管套利机会。目前，实行市场风险监管资本要求的国家/地区的银行监管当局都制定了银行账户、交易账户划分的基本原则，并要求商业银行据此制定内部的政策和程序，详细规定账户划分标准和程序。监管当局则定期对银行的账户划分情况进行检查，检查重点是其内部账户划分的政策、程序是否符合监管当局的要求，是否遵守了内部的账户划分政策和程序，是否为减少监管资本要求而人为地在两个账户之间调节头寸等。

11. 限额（Limits）管理

商业银行实施市场风险管理，应当确保将所承担的市场风险控制在可以承受的合理范围内，使市场风险水平与其风险管理能力和资本实力相匹配，限额管理正是对市场风险进行控制的一项重要手段。银行应当根据所采用的市场风险计量方法设定市场风险限额。市场风险限额可以分配到不同的地区、业务单元和交易员，还可以按资产组合、金融工具和风险类别进行分解。银行负责市场风险管理的部门应当监测对市场风险限额的遵守情况，并及时将超限额情况报告给管理层。常用的市场风险限额包括交易限额、风险限额和止损限额等。

交易限额（Limits on Net and Gross Positions）是指对总交易头寸或净交易头寸设定的限额。总头寸限额对特定交易工具的多头头寸或空头头寸给予限制，净头寸限额对多头头寸和空头头寸相抵后的净额加以限制。在实践中，银行通常将这两种交易限额结合使用。

风险限额是指对按照一定的计量方法所计量的市场风险设定的限额，如对内部模型计量的风险价值设定的限额（Value - at - Risk Limits）和对期权性头寸设定的期权性头寸限额（Limits on Options Positions）等。期权性头寸限额是指对反映期权价值的敏感性参数设定的限额，通常包括：衡量期权价值对基准资产价格变动率的 Delta、衡量 Delta 对基准资产价格变动率的 Gamma、衡量期权价值对市场预期的基准资产价格波动性的敏感度的 Vega、衡量期权临近到期日时价值变化的 Theta 以及衡量期权价值对短期利率变动率的 Rho 设定的限额。

止损限额（Stop - Loss Limits）即允许的最大损失额。通常，当某项头寸的累计损失达到或接近止损限额时，就必须对该头寸进行对冲交易或将其变现。典型的止损限额具有追溯力，即止损限额适用于一日、一周或一个月等一段时间内的累计损失。

12. 按经风险调整的收益率（Risk - Adjusted Rate of Return）

长期以来，衡量企业盈利能力普遍采用的是股本收益率（ROE）和资产收益率（ROA）指标，其缺陷是只考虑了企业的账面盈利而忽略了风险因素。银行是经营特殊商品的高风险企业，以不考虑风险因素的指标衡量其盈利能力，具有很大的局限性。目前，国际银行业的发展趋势是采用按经风险调整的收益率综合考核银行的盈利能力和风险管理能力。按经风险调整的收益率克服了传统绩效考核中盈利目标未充分反映风险成本的缺陷，使银行的收益与风险直接挂钩、有机结合，体现了业务发展与风险管理的内在统一，实现了经营目标与绩效考核的统一。使用按经风险调整的收益率，有利于在银行内部建立良好的激励机制，从根本上改变银行忽视风险、盲目追求利润的经营方式，激励银行充分了解所承担的风险并自觉地识别、计量、监测和控制这些风险，从而在审慎经营的前提下拓展业务、创造利润。

在按经风险调整的收益率中，目前被广泛接受和普遍使用的是按经风险调整的资本收益率（Risk - Adjusted Return on Capital，RAROC）。按经风险调整的资本收益率是指经预期损失（Expected Loss，EL）和以经济资本（Capital at Risk，CaR）计量的非预期损失（Unexpected Loss，UL）调整后的收益率，其计算公式如下：

RAROC =（收益 - 预期损失）/经济资本（或非预期损失）

经风险调整的收益率，如 RAROC 强调，银行承担风险是有成本的。在 RAROC 计算公式的分子项中，风险带来的预期损失被量化为当期成本，直接对当期盈利进行扣减，以此衡量经风险调整后的收益；在分母项中，则以经济资本，或非预期损失代替传统 ROE 指标中的所有者权益，意即银行应为不可预计的风险提取相应的经济资本。整个公式衡量的是经济资本的使用效益。

目前，RAROC 等按经风险调整的收益率已在国际先进银行中得到了广泛运用，在其内部各个层面的经营管理活动中发挥着重要作用。在单笔业务层面上，RAROC 可用于衡量一笔业务的风险与收益是否匹配，为银行决定是否开展该笔业务以及如何进行定价提供依据。在资产组合层面上，银行在考虑单笔业务的风险和资产组合效应之后，可依据 RAROC 衡量资产组合的风险与收益是否匹配，及时对 RAROC 指标呈现明显不利变化趋势的资产组合进行处理，为效益更好的业务腾出空间。在银行总体层面上，RAROC 可用于目标设定、业务决策、资本配置和绩效考核等。高级管理层在确定银行能承担的总体风险水平，即风险偏好之后，计算银行需要的总体经济资本，以此评价自身的资本充足状况；将经济资本在各类风险、各个业务部门和各类业务之间进行分配（资本配置），以有效控制银行的总体风险，并通过分配经济资本优化资源配置；同时，将股东回报要求转化为对全行、各业务部门和各个业务线的经营目标，用于绩效考核，使银行实现在可承受风险水平之下的收益最大化，并最终实现股东价值的最大化

第七章　商业银行银行账簿利率风险管理[①]

第一节

银行账簿利率的内涵

银行账簿记录的是商业银行未划入交易账簿的相关表内外业务。商业银行账簿利率风险是指利率水平、期限结构等不利变动导致银行账簿经济价值和整体收益遭受损失的风险，主要包括缺口风险、基准风险和期权性风险。利率变化可能引起银行账簿表内外业务的未来重定价现金流或其折现值发生变化，导致经济价值下降，从而使银行遭受损失。同时，利率变化可能引起净利息收入减少，或其他利率敏感性收入减少、支出增加，从而使银行遭受损失。

缺口风险是指利率变动时，由于不同金融工具重定价期限不同而引发的风险。利率变动既包括收益率曲线平行上移或下移，也包括收益率曲线形状变化。由于金融工具的重定价期限不同，利率上升时当负债利率重定价早于资产利率，或利率下降时当资产利率重定价早于负债利率，银行在一定时间内面临利差减少甚至负利差，从而导致损失。

① 《商业银行银行账簿利率风险管理指引（修订）》银保监发〔2018〕25 号。

基准风险是指定价基准利率不同的银行账簿表内外业务，尽管期限相同或相近，但由于基准利率的变化不一致而形成的风险。

期权性风险是指银行持有期权衍生工具，或其银行账簿表内外业务存在嵌入式期权条款或隐含选择权，使银行或交易对手可以改变金融工具的未来现金流水平或期限，从而形成的风险。

期权性风险可分为自动利率期权风险和客户行为性期权风险两类。自动利率期权风险来源于独立期权衍生工具，或金融工具合同中的嵌入式期权条款（例如浮动利率贷款中的利率顶或利率底）。对于这类期权，如果执行期权符合持有人的经济利益，则持有人会选择执行期权，因此称为自动期权。客户行为性期权风险来源于金融工具合同中的隐含选择权（例如借款人的提前还款权，或存款人的提前支取权等）。利率变化时，这类选择权有可能会影响到客户行为，从而引起未来现金流发生变化。

第二节

风险治理

商业银行应将银行账簿利率风险纳入全面风险管理框架，建立与本行系统重要性、风险状况和业务复杂程度相适应的银行账簿利率风险管理体系，加强对银行账簿利率风险的识别、计量、监测、控制和缓释。

商业银行应建立完善的银行账簿利率风险治理架构，制定包括风险策略、风险偏好、限额体系等在内的风险管理政策框架，并定期对银行账簿利率风险管理流程进行评估和完善。

商业银行董事会可以授权下设的专业委员会履行其银行账簿利率风险管理的部分职责，但是董事会承担银行账簿利率风险管理的最终责任，履行以下职责：

（1）制定银行账簿利率风险管理策略，设定风险偏好，并确保风险限额的设立；

（2）审批银行账簿利率风险的风险管理政策和流程；

（3）监督高级管理层建立并实施相关限额体系、风险管理政策和流程，确保其与董事会既定的风险管理策略和风险偏好一致；

（4）审议银行账簿利率风险报告；

（5）负责银行账簿利率风险相关的信息披露；

（6）其他与银行账簿利率风险管理相关的职责。

商业银行高级管理层承担银行账簿利率风险管理的实施责任，履行以下职责：

（1）建立银行账簿利率风险管理架构，明确相关部门职责分工，制定清晰的执行和问责机制，确保各项政策有效实施；

（2）建立并实施银行账簿利率风险限额体系、风险管理政策和流程，包括但不限于风险限额、超限额审批流程、风险报告和评估流程等；

（3）建立银行账簿利率风险计量体系，明确利率冲击情景和关键模型假设的管理流程，建立相应的管理信息系统；

（4）建立有效的内控机制；

（5）其他与银行账簿利率风险管理相关的职责。

商业银行应指定专门部门负责银行账簿利率风险识别、计量、监测、控制和缓释，并确保其具备履行职能所需资源。该部门应独立于业务经营部门（或人员），并直接向高级管理层报告。

商业银行应在综合考虑银行风险偏好、风险状况、宏观经济和市场变化等因素的基础上制定清晰的银行账簿利率风险管理策略，应基于银行账簿利率风险对其经济价值和整体收益的影响制定书面的银行账簿利率风险偏好，并及时更新。

商业银行应实施银行账簿利率风险限额管理，确保银行账簿利率风险水平与风险偏好一致。银行账簿利率风险限额体系应与商业银行的规模、业务复杂程度、资本充足程度及风险管理能力相匹配，必要时应针对业务部门、投资组合和金融工具类别设定子限额。商业银行实施银行账簿利率风险限额管理应考虑以下因素：

（1）银行账簿利率风险限额设置应基于银行账簿利率风险计量方法；

（2）如银行账簿利率风险限额与特定利率冲击情景相关联，相关利率冲击情景应充分考虑历史利率波动情况和风险缓释所需时间等因素；

（3）通过金融衍生品等工具对银行账簿利率风险开展避险交易，应针对其钉市风险制定专门的风险限额；

（4）具有重大缺口风险、基准风险或期权性风险敞口的商业银行应针对相关风险类型设定风险限额；

（5）应建立超限额或临近限额时的触发机制，明确报告路径和报告方式，确保管理层及时关注并采取措施。

商业银行开发新产品、对现有产品进行重大改动、拓展新的业务领域，以及开展新的重大投资和避险交易前，应充分识别和评估银行账簿利率风险，确保其与风险偏好一致。如评估认定新产品和新业务的银行账簿利率风险显著，应经过测试阶段后再全面推开。

商业银行应健全内部控制体系，定期评估银行账簿利率风险管理流程，确保其有效性、可靠性和合规性，应至少每年对银行账簿利率风险管理相关内控机制开展评估，及时完善内控制度。

商业银行应将银行账簿利率风险纳入内部审计，向董事会提交审计报告，并及时报送银行业监督管理机构。

第三节

风险计量和压力测试

一、利率冲击情景

商业银行应采用合理的利率冲击情景和模型假设，基于经济价值变动和收益影响计量银行账簿利率风险。

银行账簿利率风险计量应包括银行承担风险的具有利率敏感性的银行账簿资产、负债，以及相关的表外项目，计量应包括缺口风险、基准风险和期权性风险等。其中，期权性风险包括自动期权风险和客户行为性期权风险。商业银行还应尽可能地将信用利差风险①纳入计量范围。

商业银行应对银行账簿资产或负债中余额占比5%以上的币种单独计量银行账簿利率风险，并可根据自身风险管理需要，对占比低于5%的特定币种单独计量银行账簿利率风险。

商业银行在计量银行账簿利率风险时应考虑以下利率冲击情景：

（1）银行内部资本充足评估程序中使用的利率冲击情景；

（2）比前款所述情景更为严重的历史或假设的利率压力情景；

（3）监管要求的利率冲击情景。

商业银行在设计利率冲击情景和压力情景时，结合当前利率水平和期限结构、历史和隐含利率波动性等因素，综合考虑自身风险特征和来源、风险缓释措施所需时间、调整风

① 银行账簿信用利差风险是指由于预期违约水平或市场流动性的变化，市场对金融工具信用质量的评估发生变化，进而导致信用利差变化的风险。具体而言，信用利差风险是在具有信用风险的金融工具的利差变化中，未被银行账簿利率风险、信用风险或突发违约风险覆盖的部分。

险组合头寸并承担损失的能力和意愿等情况，并应根据情况考虑以下内容：

（1）利率情景应尽可能全面，涵盖缺口风险（包括收益率曲线平行移动和形状变化）、基准风险和期权性风险等；

（2）利率情景应关注集中度较高的金融工具和金融市场在压力情景下的流动性；

（3）利率情景应考虑银行账簿利率风险与信用风险、流动性风险等相关风险的关联性；

（4）利率情景应考虑现有资产负债到期后，新资产负债利差不利变动对收益的影响；

（5）承担较大期权性风险时，应考虑影响期权行为的利率情景，包括利率波动性的变化；

（6）利率情景应有前瞻性，应考虑最新市场信息、资产组合变化、新产品和新风险点等；

（7）在低利率环境下，必要时还应考虑负利率情景对资产负债的不对称影响。

二、客户行为性期权风险的考虑因素

商业银行应根据银行账簿相关产品的期权性条款，分析客户行为特点，对产品未来现金流做出假设。具有期权性条款的金融产品包括但不限于：具有提前还款权的固定利率贷款、具有提前支取权的定期存款、无到期日存款、浮动利率贷款中的利率顶和利率底等。

商业银行计量银行账簿利率风险时应合理考虑客户行为假设，包括特定利率冲击情景，不同产品类型下的客户属性、产品属性和宏观经济等因素。可针对以下金融工具使用相应的模型因子：

（一）具有提前还款风险的固定利率贷款

模型因子的考虑因素可包括：一方面，需要考虑贷款规模、贷款抵押率（LTV）、借款人特征、合同利率、贷款已发放时间、地理位置及竞争环境、合同期限和剩余期限等；另一方面，需要考虑其他宏观经济变量，如股票指数、失业率、GDP、通货膨胀和房屋价格指数等。

（二）具有提前支取风险的定期存款

模型因子的考虑因素可包括：一方面，需要考虑存款规模、存款人特征、融资渠道、合同利率、季节性因素、地理位置及竞争环境、合同期限和剩余期限等；另一方面，需要考虑其他宏观经济变量，如股票指数、失业率、GDP、通货膨胀率、房屋价格指数等。

（三）无到期日存款

模型因子的考虑因素可包括：产品利率对市场利率的敏感度、当期市场利率水平、产品利率与市场利率间的利差、市场竞争水平、地理位置及竞争环境、人口及其他与客户基础相关的因素等。

（四）固定利率贷款承诺

模型因子的考虑因素可包括：借款人特征、地理位置及竞争环境、当地承诺费惯例、银行与客户关系、承诺的剩余期限、承诺已持续时间和贷款期限等。

商业银行应至少每年对关键客户行为假设进行评估，就其对经济价值和收益的影响进行敏感性分析，并在市场环境快速变化时提高评估频率。

商业银行对实际承担风险的非标准化债权投资，应按照穿透原则，针对底层资产计量银行账簿利率风险。

商业银行应根据规模、风险状况和业务复杂程度制定和实施有效的银行账簿利率风险压力测试框架，定期进行压力测试。压力测试应覆盖银行面临的所有实质性风险源，并制定应急方案。商业银行应确定独立的验证部门或团队对压力测试的有效性进行持续评估，评估原则上不少于每年一次，根据情况开展反向压力测试，识别严重威胁银行资本和收益的利率情景。

第四节

计量系统和模型管理

商业银行应建立银行账簿利率风险计量系统，为银行账簿利率风险全流程管理提供支持，计量系统应采用静态模拟、动态模型等多种方法计量经济价值和收益变化，有效评估各种利率冲击情景和压力情景的潜在影响，识别并计量银行账簿利率风险。该系统应能根据监管要求对内部风险参数进行限制或调整。

商业银行应提高银行账簿利率风险计量系统的数据采集自动化水平，及时、准确收集风险信息，对数据管理进行定期评估和完善。

商业银行应按制定银行账簿利率风险计量模型管理政策，明确模型管理和监督职责，规范模型验证、模型风险评估、模型修订以及相关内部审计的流程。

银行账簿利率风险模型管理政策应经董事会或其授权的专业委员会批准。模型管理政策应明确模型开发、推广、使用和监督过程中的职责划分，对模型升级、改造和淘汰的全流程加以规范，包括模型初始和持续验证、结果评估、审批、版本控制和例外处理等。

银行账簿利率风险模型验证应包括三个核心要素：

（1）应评估模型理论基础和方法论的可靠性，包括建模依据等；

（2）应持续监测模型，包括过程验证和标杆对比等；

（3）应强化模型结果分析，包括关键模型参数（例如核心存款比率、提前还款率、提前支取率、金融工具定价等）的返回检验等。

商业银行应基于模型风险、模型影响、模型历史表现及对模型技术的熟悉程度等定量和定性因素，建立模型验证流程，判断模型稳健性。

（1）模型初始验证。在批准模型前，应就模型方法、假设和输入输出等进行验证，验证应独立于模型开发。验证结果应提交董事会或其授权委员会批准。

（2）模型持续验证。模型获批准后，应对模型开展持续评估和验证，验证频率应与模型风险程度相匹配。应明确设定例外触发事件，发生触发事件后应及时向董事会或其授权委员会报告，采取修改措施或限制模型使用。

（3）模型变更。商业银行应做好版本控制，针对需要修改或停止使用的模型，应明确模型交接的政策，包括模型变更、版本控制和文档记录等。

商业银行使用外购银行账簿利率风险模型，或由第三方供应商提供市场数据、行为假设或模型参数等，应将其纳入模型验证，并完整记录模型的选择、使用、订制性需求等情况，确保其与银行业务活动和风险特征相符。

商业银行应做好银行账簿利率风险计量的文档记录，至少包括以下信息：

（1）利率冲击和压力情景，包括无风险收益率曲线的选择和变更、不同收益率曲线间的基差关系、利率冲击和压力情景的选取依据、对本行产品定价的预测等；

（2）计量模型的基本框架和具体内容，包括计量方法、关键假设的设定和调整、模型验证和校准等；

（3）数据管理政策和流程，包括主要数据来源、数据内容、数据存储和数据管理过程等。

第五节

银行账簿利率风险标准化计量框架

本标准化框架基于经济价值变动①计量银行账簿利率风险。银行在应用本框架计量银行账簿利率风险时，应对银行账簿资产或负债中余额占比5%以上的币种单独计算。主要计算步骤如下：

步骤1：根据银行账簿表内外相关项目的名义重定价现金流特点，将利率敏感性头寸划分为三类：完全标准化头寸、半标准化头寸和非标准化头寸。

步骤2：按照本框架规定的方法将上述三类头寸的名义重定价现金流，按重定价日期划入给定的时间区间，如表7－1所示。重定价日期是指固定利率产品的本金偿还到期日、可变利率产品的本金最早重定价日，以及所有未偿还或未重定价本金的利息支付日。其中，可变利率产品指浮动利率产品，或银行及其交易对手任一方可单方面改变利率的产品。

表7－1　　名义重定价现金流时间区间表

	时间区间					
短期利率	隔夜（0.0028年）	隔夜≤1个月（0.0417年）	1个月＜t^{CF}≤3个月（0.1667年）	3个月＜t^{CF}≤6个月（0.375年）	6个月＜t^{CF}≤9个月（0.625年）	9个月＜t^{CF}≤1年（0.875年）
	1年＜t^{CF}≤1.5年（1.25年）	1.5年＜t^{CF}≤2年（1.75年）				
中期利率	2年＜t^{CF}≤3年（2.5年）	3年＜t^{CF}≤4年（3.5年）	4年＜t^{CF}≤5年（4.5年）	5年＜t^{CF}≤6年（5.5年）	6年＜t^{CF}≤7年（6.5年）	
长期利率	7年＜t^{CF}≤8年（7.5年）	8年＜t^{CF}≤9年（8.5年）	9年＜t^{CF}≤10年（9.5年）	10年＜t^{CF}≤15年（12.5年）	15年＜t^{CF}≤20年（17.5年）	t^{CF}＞20年（25年）

① 基于经济价值的计量方法是指基于利率变化引起的银行经济价值变动衡量银行账簿利率风险的方法。经济价值通过银行账簿表内外业务的未来重定价现金流的净现值反映。该方法采用自然到期假设，即金融工具到期后不再续作，反映银行账簿资产、负债和表外项目在其剩余期限内的价值变化。

步骤3：按照本框架规定的六种利率冲击情景，对名义重定价现金流进行折现，并计算各利率冲击情景下的净现值变动（不包括自动利率期权头寸）。

步骤4：计算各利率冲击情景下，自动利率期权的价值变动。

步骤5：将各利率冲击情景下名义重定价现金流的净现值变动与自动利率期权的价值变动加总，即为该利率情景下的经济价值变动。各币种加总后，六种利率冲击情景下经济价值变动损失最大值，即为基于经济价值变动的银行账簿利率风险值。

一、利率冲击情景

本框架采用六种标准化利率冲击情景，包括收益率曲线平行上移、平行下移和形状变化等。各情景下，收益率曲线变动的计算公式如下：

1. 平行上移：

$$\Delta R_{1,c}(k) = \bar{R}_{parallel,c}$$

2. 平行下移：

$$\Delta R_{2,c}(k) = -\bar{R}_{parallel,c}$$

3. 变陡峭（短期利率下降，长期利率上升）：

$$\Delta R_{3,c}(k) = -0.65 \cdot \bar{R}_{short,c} \cdot e^{-\frac{t_k}{4}} + 0.9 \cdot \bar{R}_{long,c} \cdot (1 - e^{-\frac{t_k}{4}})$$

4. 变平缓（短期利率上升，长期利率下降）：

$$\Delta R_{4,c}(k) = 0.8 \cdot \bar{R}_{short,c} \cdot e^{-\frac{t_k}{4}} - 0.6 \cdot \bar{R}_{long,c} \cdot (1 - e^{-\frac{t_k}{4}})$$

5. 短期利率向上移动：

$$\Delta R_{5,c}(k) = \bar{R}_{short,c} \cdot e^{-\frac{t_k}{4}}$$

6. 短期利率向下移动：

$$\Delta R_{6,c}(k) = -\bar{R}_{short,c} \cdot e^{-\frac{t_k}{4}}$$

其中，$i=1, 2, \cdots, 6$ 表示利率冲击情景，c 表示币种，k 表示特定时间区间，t_k 为第 k 组时间区间的时间中点，因此，$\Delta R_{i,c}(k)$ 表示在利率冲击情景 i 下，币种 c 的收益率曲线在时间点t_k上的变动值。$\bar{R}$ 为各币种的标准化利率冲击幅度，如表 7－2 所示。

二、完全标准化头寸和半标准化头寸

根据《商业银行银行账簿利率风险管理指引（修订）》，商业银行利率敏感性头寸主要有：

表 7－2 标准化利率冲击幅度（$\bar{R}$） （单位：基点 bps）

	阿根廷比索	澳元	巴西雷亚尔	加元	瑞郎	人民币	欧元	英镑	港币	印尼盾	印度卢比
平行（parallel）	400	300	400	200	100	250	200	250	200	400	400
短（short）	500	450	500	300	150	300	250	300	250	500	500
长（long）	300	200	300	150	100	150	100	150	100	350	300

	日元	韩元	墨西哥比索	卢布	沙特阿拉伯币	瑞典克朗	新加坡元	土耳其里拉	美元	南非兰特
平行（parallel）	100	300	400	400	200	200	150	400	200	400
短（short）	100	400	500	500	300	300	200	500	300	500
长（long）	100	200	300	300	150	150	100	300	150	300

（1）银行账簿利率敏感性资产，不包括固定资产、无形资产、股权敞口，以及核心一级资本中的扣减项等项目。

（2）银行账簿利率敏感性负债，包括计入其他一级资本和二级资本的债务工具等项目。

（3）银行账簿利率敏感性表外项目，包括表外衍生品和固定利率表外承诺等项目。

将利率敏感性头寸进行分类，分别为完全标准化头寸、半标准化头寸和非标准化头寸。完全标准化头寸包括两类：一是固定利率头寸，指合同到期前有确定现金流的头寸，例如无提前还款权的固定利率贷款、无提前支取权的定期存款等。二是浮动利率头寸，指可在下一个重定价日被重置为面值的头寸。浮动利率头寸可分解为在下一个重定价日之前的一系列利息现金流、和下一个重定价日的等同于面值的本金现金流。

半标准化头寸主要指自动利率期权，包括独立的期权衍生工具，以及其他金融工具中剥离出的嵌入式期权条款。在计算不同利率冲击情景下自动利率期权的价值时，应基于该利率冲击情景下的收益率曲线，并假设利率波动率上升 25%（即当期波动率乘以 125%）。与基准利率情景相比，特定利率冲击情景下所有卖出自动利率期权的价值变动，减去所有买入自动利率期权的价值变动，即为该利率冲击情景下自动利率期权的价值变动。

带有嵌入式期权性条款的头寸，应对嵌入式期权进行剥离后，按照上述完全标准化头寸处理。剥离出的期权部分按照半标准化头寸处理。

三、非标准化头寸

非标准化头寸包括无到期日存款、有提前还款权的固定利率贷款和有提前支取权的定期存款。

（一）无到期日存款的处理方法

银行应先根据存款人和存款的性质对无到期日存款进行分类，识别核心和非核心存款，并确定相应的现金流。

无到期日存款分为零售类存款和批发类存款。其中，零售类存款包括自然人存款和小微企业存款。小微企业存款指在商业银行的资金总额（并表口径）不超过800万元并被视同零售存款管理的非金融机构客户的存款，如商业银行对该客户存在信用风险敞口，该客户还应当满足《商业银行资本管理办法（试行）》中关于微型和小型企业的条件。零售类存款应区分交易性账户和非交易性账户，其中交易性账户是指有日常交易或不计息的账户（如工资账户），如不能区分，则按非交易性账户处理。

银行应使用10年历史数据，识别稳定存款和非稳定存款，如因经营年限等因素无法获取10年历史数据的，可采用最长可获数据年限，但应做好详细说明，并制定数据积累计划。稳定存款中，不因市场利率环境显著变化而引发重定价的存款被视为核心存款。各类无到期日存款的核心存款比例不得超过表7-3规定的上限。

表7-3　　核心存款上限和平均期限上限

	核心存款比例上限（%）	核心存款平均期限上限（年）
零售存款（交易性账户）	90	5
零售存款（非交易性账户）	70	4.5
批发存款	50	4

针对核心存款，商业银行可根据存款特点和历史数据，确定现金流到期期限，但最长的平均到期期限不得超过表7-3规定的上限。针对非核心存款，应将其视同隔夜存款，划至隔夜时间区间。

（二）有提前还款权的固定利率贷款处理方法

有提前还款权的固定利率贷款，是指无须对提前还款支付成本，或高于规定门槛才需支付成本的固定利率贷款。在确定此类贷款的名义重定价现金流时，应遵循下列方法：

第一，测算基准情景下，具有相同提前还款特点的贷款组合的基准提前还款率；第二，计算不同利率冲击情景下，各贷款组合的提前还款率，具体公式如下：

$$CPR_{i,c}^{p} = \min(1, r_i \cdot CPR_{0,c}^{p})$$

其中，i表示第i种利率冲击情景，c表示币种，p表示特定贷款组合，r_i为利率情景乘数，具体数值如表7-4所示。$CPR_{i,c}^{p}$表示在币种c、利率冲击情景i下，贷款组合p的提前还款率。

表 7－4　　不同利率冲击情景下提前还款的利率情景乘数

情景序列（i）	利率冲击情景	利率情景乘数r_i
1	平行向上	0.8
2	平行向下	1.2
3	变陡峭	0.8
4	变平坦	1.2
5	短期利率上升	0.8
6	短期利率下降	1.2

第三，按照下述公式确定名义重定价现金流：

$$CF_{i,c}^{p}(k) = CF_{i,c}^{S} + CPR_{i,c}^{p} \cdot N_{i,c}^{p}(k-1)$$

其中，$CF_{i,c}^{S}$为按合同第 k 组时间区间内的应付利息和本金，$N_{i,c}^{p}(k-1)$ 为在第 k－1 组时间区间末尚未到期的贷款名义本金，$CPR_{i,c}^{p}$为提前还款率，$CF_{i,c}^{p}(k)$ 为考虑提前还款后第 k 组时间区间内的现金流。

（三）有提前支取权的定期存款处理方法

有提前支取权的定期存款，是指存款人具有提前支取存款权利，且存款人提前支取存款无须给予银行补偿，或给予的补偿不能弥补支取日至到期日之间的利息损失和经济成本的定期存款。

确定此类存款的名义重定价现金流时，应遵循下列方法：

第一，测算基准情景下，具有相同提前支取特征的定期存款组合的基准提前支取率。

第二，计算不同利率冲击情景下，各存款组合的提前支取率。具体公式如下：

$$TDRR_{i,c}^{p} = \min(1, u_i \cdot TDRR_{0,c}^{p})$$

其中，i 表示利率冲击情景，c 表示币种，p 表示特定存款组合，u_i为利率情景乘数，具体数值如表 7－5 所示，$TDRR_{i,c}^{p}$为各存款组合的提前支取率。

表 7－5　　提前支取利率情景乘数

情景序列（i）	利率冲击情景	利率情景乘数u_i
1	平行向上	1.2
2	平行向下	0.8
3	变陡峭	0.8
4	变平坦	1.2
5	短期利率上升	1.2
6	短期利率下降	0.8

第三，定期存款中有提前支取风险的部分，应被划入隔夜时间区间。具体公式如下：

$CF_{i,c}^{p}(1) = TD_{0,c}^{p} \cdot TDRR_{i,c}^{p}$

其中，$TD_{0,c}^{p}$为该存款组合在计算时点的未到期合同本金，$CF_{i,c}^{p}(1)$ 为其中可能被提前支取的部分，应划入隔夜时间区间。

四、经济价值变动的计算

在确定各类头寸的名义重定价现金流和期权价值变动后，应遵循如下方法计算经济价值变动：

第一，按下述公式计算各利率冲击情景下的折现因子：

$DF_{i,c}(t_k) = \exp[-R_{i,c}(t_k) \cdot t_k]$

其中，i 表示利率冲击情景，c 表示币种，k 表示特定时间区间，t_k为第 k 组时间区间的时间中点。$R_{i,c}(t_k)$ 为在利率冲击情景 i 下，币种 c 的收益率曲线在时间点 t_k上的值，$DF_{i,c}(t_k)$ 为对应第 k 组时间区间中点的折现因子。

第二，对名义重定价现金流进行折现，具体公式如下：

$EVE_{i,c}^{nao} = \sum_{k=1}^{K} CF_{i,c}(k) \cdot DF_{i,c}(t_k)$

其中，$CF_{i,c}(k)$ 为第 k 组时间区间内的名义重定价现金流，$EVE_{i,c}^{nao}$为名义重定价现金流净现值。

第三，与基准利率情景相比，各利率冲击情景下名义重定价现金流的净现值变动与自动利率期权的价值变动之和，即为该利率情景下的经济价值变动。

各币种加总后，六种利率冲击情景下经济价值变动损失最大值，即为基于经济价值变动的银行账簿利率风险值。

第六节

计量结果应用和信息披露

商业银行银行账簿利率风险管理部门应定期向董事会（或其授权的专业委员会）和高管层报告银行账簿利率风险及其管理状况。报告至少应包括以下内容：

1. 银行账簿利率风险水平和影响因素，报告频度为每半年一次；

2. 限额和风险管理政策的执行情况；

3. 关键模型假设和模型验证结果；

4. 压力测试结果；

5. 对银行账簿利率风险管理政策、流程和计量系统的评估，包括但不限于内控报告和内部审计结果。

商业银行应按照《商业银行资本管理办法（试行）》的相关要求，基于银行账簿利率风险水平和管理状况开展资本充足性评估，并将其纳入内部资本充足评估程序，应合理调整银行账簿利率重定价期限结构，适时调整定价方式，有效控制银行账簿利率风险。

商业银行应根据风险状况，运用利率衍生工具、调整投资组合久期等方式，对银行账簿利率风险进行缓释，按照《商业银行信息披露办法》和《商业银行资本管理办法（试行）》等有关规定，披露银行账簿利率风险水平和风险管理状况等定量和定性信息。

复习思考题

1. 简述商业银行账簿利率风险的内涵。

2. 商业银行实施银行账簿利率风险限额管理应考虑哪些因素？

3. 商业银行在计量银行账簿利率风险时应考虑哪些利率冲击情景？

4. 银行账簿利率风险模型验证应包括哪些核心要素？

5. 商业银行利率敏感性头寸主要有哪些？

第八章　操作风险管理

第一节

操作风险的内涵与成因

一、操作风险内涵与分类

（一）操作风险内涵

商业银行操作风险是商业银行面临的最重要的风险之一，是指由于不完善或有问题的内部操作过程、人员、系统以及外部事件而导致的直接或间接损失的风险。这一定义包含了商业银行的法律风险，但是不包含策略性风险和声誉风险。操作风险的特点和征兆如表8－1所示。

表8－1　操作风险的特点和征兆

特点	征兆
次数偶发	新闻事件
后果重大	政策动向
来者不善	行为异常
防不胜防	数据偏离

对于人员风险，关键是防范内部欺诈。内部欺诈可以概括为两类，一类是业务流程内的，例如柜面挪用、违规放贷，这类风险防范的关键是强化人防、技防控制，完善系统，弥补制度漏洞；另一类是业务流程外的，例如受贿、员工参与民间借贷、“飞单”销售理财产品，这类风险不在8小时范围内、不在业务流程中，最有效的方法是加大惩罚力度，一旦发现必严惩，思想上形成高压线。

我国商业银行员工违规行为导致的操作风险主要集中在内部人作案和内外勾结作案两种，属于最常见的操作风险类型。第一是未经授权交易（如故意隐瞒交易、未经授权交易导致资金损失），第二是盗窃和欺诈（如信用欺诈/不实存款、挪用公款、盗用财产、恶意损毁财产、支票欺诈、盗用账户资金/假冒开户人、贿赂/回扣、内幕交易）。

对于外部事件风险，关键要防范外部欺诈，在目前互联网金融背景下，重中之重是要防范网络渠道盗取，例如利用第三方支付平台盗取客户资金，最关键的防范措施是提高系统的安全性，明确与外部提供商的责任，严审合作商。

对于系统风险，要加强业务连续性管理，加强备援中心建设，大面积长时间系统中断是可能会引发银行倒闭的操作风险（因无法取钱造成客户恐慌挤兑），必须重视，另外业务连续性管理不仅仅是信息技术部门的事情，还需要各业务部门协同配合。

对于流程类风险，一是流程设计不合理，这需要定期开展风险评估，不断优化完善流程，防范控制不足和控制过度，二是流程执行不严格，这需要加强检查，另外要尽量把规定动作固化到系统中。

（二）操作风险损失事件类型

商业银行操作风险的类型主要有内部欺诈，外部欺诈，出现风险事件，有问题的客户、产品以及商业行为引起的事件，商业银行有形资产的损失，商业银行经营中断和系统出错，业务执行、交割以及交易过程管理七种类型。其中内部欺诈事件是指故意骗取、盗用财产或违反监管规章、法律或公司政策导致的损失事件，此类事件至少涉及内部一方，但不包括歧视及差别待遇事件。外部欺诈事件是指第三方故意骗取、盗用、抢劫财产、伪造要件、攻击商业银行信息科技系统或逃避法律监管导致的损失事件。就业制度和工作场所安全事件是指违反就业、健康或安全方面的法律或协议，个人工伤赔付或因歧视及差别待遇导致的损失事件。客户、产品和业务活动事件是指因未按有关规定造成未对特定客户履行分内义务（如诚信责任和适当性要求）或产品性质或设计缺陷导致的损失事件。实物资产的损坏是指因自然灾害或其他事件（如恐怖袭击）导致实物资产丢失或毁坏的损失事件。信息科技系统事件是指因信息科技系统生产运行、应用开发、安全管理以及由于软件产品、硬件设备、服务提供商等第三方因素，造成系统无法正常办理业务或系统速度异常所导致的损失事件。执行、交割和流程管理事件是指因交易处理或流程管理失败，以及与交易对手方、外部供应商及销售商发生纠纷导致的损失事件。如表 8－2 所示。

表 8－2　　　　操作风险损失事件类型目录

1 级目录	简要解释	2 级目录	3 级目录	编号示例
内部欺诈	故意骗取、盗用财产或违反监管规章、法律或公司政策导致的损失，此类事件至少涉及内部一方，但不包括歧视及差别待遇事件	行为未经授权	故意隐瞒交易	1.1.1
			未经授权交易导致资金损失	1.1.2
			故意错误估价	1.1.3
			其他	1.1.4
		盗窃和欺诈	欺诈/信用欺诈/不实存款	1.2.1
			盗窃/勒索/挪用公款/抢劫	1.2.2
			盗用资产	1.2.3
			恶意损毁资产	1.2.4
			伪造	1.2.5
			支票欺诈	1.2.6
			走私	1.2.7
			窃取账户资金/假账/假冒开户人/等等	1.2.8
			违规纳税/故意逃税	1.2.9
			贿赂/回扣	1.2.10
			内幕交易（不用本行的账户）	1.2.11
			其他	1.2.12
外部欺诈	第三方故意骗取、盗用财产或逃避法律导致的损失	盗窃和欺诈	盗窃/抢劫	2.1.1
			伪造	2.1.2
			支票欺诈	2.1.3
			其他	2.1.4
		系统安全性	黑客攻击损失	2.2.1
			窃取信息造成资金损失	2.2.2
			其他	2.2.3
就业制度和工作场所安全事件	违反劳动合同法，就业、健康或安全方面的法规或协议，个人工伤赔付或因歧视及差别待遇事件导致的损失	劳资关系	薪酬、福利、劳动合同终止后的安排	3.1.1
			有组织的工会行动	3.1.2
			其他	3.1.3
		环境安全性	一般性责任（滑倒和坠落等）	3.2.1
			违反员工健康及安全规定	3.2.2
			劳方索偿	3.2.3
			其他	3.2.4
		歧视及差别待遇事件	所有涉及歧视的事件	3.3.1

续表

1级目录	简要解释	2级目录	3级目录	编号示例
客户、产品和业务活动事件	因疏忽未对特定客户履行分内义务（如诚信责任和适当性要求）或产品性质或设计缺陷导致的损失	适当性、披露和诚信责任	违背诚信责任/违反规章制度	4.1.1
			适当性/披露问题（了解你的客户等）	4.1.2
			违规披露零售客户信息	4.1.3
			泄露隐私	4.1.4
			强制推销	4.1.5
			为多收手续费反复操作客户账户	4.1.6
			保密信息使用不当	4.1.7
			贷款人责任	4.1.8
			其他	4.1.9
		不良的业务或市场行为	垄断	4.2.1
			不良交易/市场行为	4.2.2
			操纵市场	4.2.3
			内幕交易（用本行的账户）	4.2.4
			未经有效批准的业务活动	4.2.5
			洗钱	4.2.6
			其他	4.2.7
		产品瑕疵	产品缺陷（未经许可等）	4.3.1
			模型错误	4.3.2
			其他	4.3.3
		客户选择，业务推介和风险暴露	未按规定审查客户信用	4.4.1
			对客户超风险限额	4.4.2
			其他	4.4.3
		咨询业务	咨询业务产生的纠纷	4.5.1
实物资产的损坏	实体资产因自然灾害或其他事件丢失或毁坏导致的损失	灾害和其他事件	自然灾害损失	5.1.1
			外力（恐怖袭击、故意破坏）造成的人员伤亡和损失	5.1.2
信息科技系统事件	业务中断或系统失灵导致的损失	信息系统	硬件	6.1.1
			软件	6.1.2
			网络与通信线路	6.1.3
			动力输送损耗/中断	6.1.4
			其他	6.1.5

续表

1级目录	简要解释	2级目录	3级目录	编号示例
执行、交割和流程管理事件	交易处理或流程管理失败和因交易对手方及外部销售商关系导致的损失	交易认定、执行和维护	错误传达信息	7.1.1
			数据录入、维护或登载错误	7.1.2
			超过最后期限或未履行义务	7.1.3
			模型/系统误操作	7.1.4
			账务处理错误/交易归属错误	7.1.5
			其他任务履行失误	7.1.6
			交割失误	7.1.7
			担保品管理失效	7.1.8
			交易相关数据维护	7.1.9
			其他	7.1.10
		监控和报告	未履行强制报告职责	7.2.1
			外部报告不准确导致损失	7.2.2
			其他	7.2.3
		招揽客户和文件记录	客户许可/免则声明缺失	7.3.1
			法律文件缺失/不完备	7.3.2
			其他	7.3.3
		个人/企业客户账户管理	未经批准登录账户	7.4.1
			客户信息记录错误导致损失	7.4.2
			因疏忽导致客户资产损坏	7.4.3
			其他	7.4.4
		交易对手方	与同业交易处理不当	7.5.1
			与同业交易对手方的争议	7.5.2
			其他	7.5.3
		外部销售商和供应商	外包	7.6.1
			与外部销售商的纠纷	7.6.2
			其他	7.6.3

（三）操作风险损失形态

法律成本。因商业银行发生操作风险事件引发法律诉讼或仲裁，在诉讼或仲裁过程中依法支出的诉讼费用、仲裁费用及其他法律成本。如违反知识产权保护规定等导致的诉讼费、外聘律师代理费、评估费、鉴定费等。

监管罚没。因操作风险事件所遭受的监管部门或有权机关罚款及其他处罚。如违反产业政策、监管法规等所遭受的罚款、吊销执照等。

资产损失。由于疏忽、事故或自然灾害等事件造成实物资产的直接毁坏和价值的减少。如火灾、洪水、地震等自然灾害所导致的账面价值减少等。

对外赔偿。由于内部操作风险事件，导致商业银行未能履行应承担的责任造成对外的赔偿。如因银行自身业务中断、交割延误、内部案件造成客户资金或资产等损失的赔偿金额。

追索失败。由于工作失误、失职或内部事件，使原本能够追偿但最终无法追偿所导致的损失，或因有关方不履行相应义务导致追索失败所造成的损失。如资金划转错误、相关文件要素缺失、跟踪监测不及时所带来的损失等。

账面减值。由于偷盗、欺诈、未经授权活动等操作风险事件所导致的资产账面价值直接减少。如内部欺诈导致的销账、外部欺诈和偷盗导致的账面资产/收入损失，以及未经授权或超授权交易导致的账面损失等。

其他损失。由于操作风险事件引起的其他损失。

由于操作风险涉及面广，银行几乎所有岗位、所有人员、所有的流程都可能存在操作风险，而且操作风险破坏力极大，风险与报酬无对应关系，所以，防范时更要注重早期预防，早期发现风险征兆。

【案例】

2020 年 7 月 7 日上午，上海市第一中级人民法院对被告人顾国明受贿一案一审公开开庭审理。上海市人民检察院第一分院派员出庭支持公诉，被告人及辩护人到庭参加诉讼。公诉机关指控：2005—2018 年，被告人顾国明利用担任工商银行股份有限公司上海市分行党委书记、行长职务上的便利，为相关单位和个人在融资贷款、承揽工程等事项上提供帮助，谋取利益。2008—2019 年，顾国明非法收受上述单位和个人给予的财物共计折合人民币 1.36 亿余元。顾国明因涉嫌职务违法犯罪于 2019 年 6 月 6 日被中央纪委国家监委驻中国银行保险监督管理委员会纪检监察组留置，同年 11 月 20 日被上海市公安局刑事拘留，同年 12 月 3 日被依法逮捕。顾国明在接受调查期间，如实供述调查机关已掌握其受贿 586.13 万余元的犯罪事实，主动供述调查机关尚未掌握其受贿 1.31 亿余元的犯罪事实。

【案例】

2017 年 4 月 13 日，时任民生银行北京航天桥支行行长张颖被公安机关带走，相关客户才得知，他们此前在该支行购买的保本保息理财产品，系支行行长张颖等人伪造。此案系张颖通过控制他人账户作为资金归集账户，编造虚假投资理财产品和理财转让产品，其本人或指使支行个别员工寻找目标客户，非法募集客户资金用于个人支配，有一部分用于投资房产、文物、珠宝等领域，所募集资金未进入民生银行账务体系。涉案金额约 16.5 亿元，涉及客户约 150 余人。北京银保监局（原银监局）于 11 月 21 日对民生银行北京分行做出处罚决定，责令中国民生银行北京分行改正，并给予合计2750万元罚款的行政处罚，这创下银监系统年内最高的罚款纪录，对张颖给予取消终身董事、高级管理人员任职资格，终身禁止从事银行业工作的行政处罚。

【案例】①

2018年上海公安机关侦破一起利用移动支付通道盗刷信用卡诈骗案，嫌疑人非法获取身份证号、银行卡号等公民个人信息后，采取“撞库”方式，非法获取平台用户的账号、登录密码甚至支付密码等信息，再以虚假交易等方式盗取资金，并以多种方式进行套现。据警方介绍，目前已发现本案中疑似被盗刷信用卡300余张，涉案金额300余万元。

经查，2017年3月至4月，以犯罪嫌疑人徐某、段某等人为首的犯罪团伙，通过张某等人非法购得大量公民信息，通过互联网聊天软件结识许某等专业编程人员编写黑客软件。犯罪团伙再利用上述非法获取的公民信息和扫码黑客软件，攻击移动支付平台数据库，非法获取平台用户的账号、登录密码甚至支付密码等信息。获取这些关键信息后，以徐某为首的犯罪团伙利用上述信息登录移动支付通道的手机APP，在线上商店疯狂购买各类易变现商品，如电子数码产品、充值卡、景点门票等。而以段某为首的犯罪团伙则采取线下变现的方式，根据窃取到的公民信息注册生成大量二维支付码，随后利用虚假身份购买大量POS机，通过POS机扫描支付码完成盗刷，成功将被害人信用卡内的资金转移到犯罪嫌疑人控制的结算卡内，最后再由犯罪嫌疑人章某等人通过全国各地的ATM机进行取现。

【案例】

客户王××前往某网点办理无卡无折存款13200元，收款人为异地客户张××。业务操作时柜员将13200元误录入为132000元（多录入一个“0”），发现差错后柜员立即请示营运主管并进行冲正处理，系统提示账户余额不足导致冲正失败。经查，上述交易成功后，收款人张××在某商户POS机上发生消费13000元，导致该账户余额不足而无法冲正。后多方协调，最终追回多存的资金。

① 上海破获首起利用第三方支付平台盗刷信用卡诈骗案：300张卡未离身却被刷300万元. 2018年01月16日11：43，解放网。

二、操作风险形成的原因

监管制度存在漏洞。主要表现在：一是监管制度不完善。公司治理结构不完善，操作风险的管理较为分散，管理水平相对较低，客观上增加了发生操作风险可能性。二是外部环境不成熟。社会信用体系并不完善，信用观念淡薄，缺乏信用问题突出，阻碍操作风险的有效监管。三是监管技术相对较弱。在银行业监督操作风险中缺少计算机管理系统的应用。不能完全及时收集操作风险的识别、评估和监测数据，尚未建立完整的电子信息数据库，并且级别较低，操作风险信息系统建设滞后于商业银行的业务发展，对于管理操作风险，监管人员往往只凭借非现场数据和监管经验进行判断，系统无法实现自动化报告、科学化监测。

内部管理存在缺陷。操作风险涉及金融机构的各个部门和各个岗位。但绝大多数金融机构都没有单独设立操作风险的管理部门。我国多数商业银行都将注意力集中在如何创造更大的经济效益上，而忽视了操作风险的内部管理。

对操作风险不够重视。在商业银行三大风险中，我国大多数银行重视市场风险和信用风险，对操作风险关注不够，从对关于操作风险的研究著作以及法律制度上都能很明显地看出。在很多银行中，由于技术的不成熟和领导者的不重视，员工甚至领导层仍然认为操作风险只是日常操作性风险，所以导致了对操作风险疏于管理。在实际工作中，各级人员往往缺乏风险管理意识，忽视了防范操作风险存在的重要性。

人员综合素质偏低。一是认识不到位。绝大部分工作人员都没有认识到操作风险的严重性，认为只要严格执行规章制度和操作规程，就不会发生风险，即使发生风险，也不可能造成巨大财产损失。二是业务不到位。只注重传统业务，不注重创新业务；只注重单一业务，不注重综合业务①。

第二节

操作风险的监管

中国银行保险监督管理委员会（以下简称“银保监会”）依法对商业银行的操作风险管理实施监督检查，评价商业银行操作风险管理的有效性，商业银行的操作风险管理政策

① 防范商业银行操作风险. 来源：金融时报—中国金融新闻网，作者：陈永富，发布日期：2018－12－10 09：31。

和程序应报银保监会备案，按照规定向银保监会或其派出机构报送与操作风险有关的报告，委托社会中介机构对其操作风险管理体系进行审计的，还应提交外部审计报告。商业银行出现下列重大操作风险事件应及时向银保监会或其派出机构报告：

（1）抢劫商业银行或运钞车、盗窃银行业金融机构现金 30 万元以上的案件，诈骗商业银行或其他涉案金额 1000 万元以上的案件；

（2）造成商业银行重要数据、账册、重要空白凭证严重损毁、丢失，造成在涉及两个或两个以上省（自治区、直辖市）范围内中断业务 3 小时以上，在涉及一个省（自治区、直辖市）范围内中断业务 6 小时以上，严重影响正常工作开展的事件；

（3）盗窃、出卖、泄露或丢失涉密资料，可能影响金融稳定，造成经济秩序混乱的事件；

（4）高管人员严重违规；

（5）发生不可抗力导致严重损失，造成直接经济损失 1000 万元以上的事故、自然灾害；

（6）其他涉及损失金额可能超过商业银行资本净额 1‰的操作风险事件；

（7）银保监会规定其他需要报告的重大事件。

银保监会对商业银行有关操作风险管理的政策、程序和做法进行定期的检查评估，主要内容包括：

（1）商业银行操作风险管理程序的有效性；

（2）商业银行监测和报告操作风险的方法，包括关键操作风险指标和操作风险损失数据；

（3）商业银行及时有效处理操作风险事件和薄弱环节的措施；

（4）商业银行操作风险管理程序中的内控、检查和内审程序；

（5）商业银行灾难恢复和业务连续方案的质量和全面性；

（6）计提的抵御操作风险所需资本的充足水平；

（7）操作风险管理的其他情况。

对于银保监会在监管中发现的有关操作风险管理的问题，商业银行应当在规定的时限内，提交整改方案并采取整改措施。对于发生重大操作风险事件而未在规定时限内采取有效整改措施的商业银行，银保监会将依法采取相关监管措施。

第三节

银行操作风险管理的三道防线

操作风险是所有银行业产品、服务和活动所固有的风险，因此，有效的操作风险管理也就成为银行风险管理程序中的基本要素。基于近年来对银行良好风险管理做法的观察，巴塞尔银行监管委员会（BCBS）认为良好的操作风险管理通常依靠以下三道防线：

1. 业务条线管理

明确各业务单位的人员在识别和管理银行产品、服务和活动中的内在风险的责任。这是操作风险管理的第一道防线。

2. 独立的法人操作风险管理部门

法人操作风险管理部门作为业务条线管理的有效补充，是操作管理风险管理的第二道防线。其独立性程度依据银行的规模变动，其关键职责在于审查业务条线的投入与产出、银行的风险管理、风险测度和报告系统。

3. 独立的评估与审查

操作风险管理的第三道防线是对银行操作风险管理的操作、程序和系统进行独立评估和审查。实施此类评估和审查的人员必须经过培训，并保持独立。在必要时，银行可以引入具备资质的外部机构参与此类评估和审查。

决定上述三道防线的架构和活动的因素包括：银行产品、服务的资产组合；银行的规模；银行的风险管理方式。此外，强有力的风险文化、三道防线之间的协调、内部审计的独立性和力度对银行操作风险管理的有效性具有重要影响。

《中国银监会办公厅关于加强银行业金融机构内控管理有效防范柜面业务操作风险的通知》（银监办发〔2015〕97 号）要求各商业银行加强“三道防线”建设。业务管理条线作为第一道防线应承担起风险防控的首要责任，负责相关业务制度的制定、执行、日常检查和持续改进，及时收集基层机构业务诉求和风险防范建议，动态调整制度、流程、风险控制措施，提出修订重要凭证和合同文本等建议；风险合规条线作为第二道防线应认真落实风险监测、重点业务风险检查、风险事件牵头处置及实施问责等职责；审计监督条线作为第三道防线应加大对重点风险隐患的监督检查，对检查发现的违规违纪问题提出整改意见。三道防线各部门应分工明确、职责清晰、有机配合、无缝对接。

一、业务条线管理

加强柜面业务流程控制[①]。银行业金融机构应加强柜面业务流程控制，严格落实现金收付、资金汇划、账户资料变更、密码挂失与重置以及网上银行开通等柜面业务的授权、

① 《中国银监会办公厅关于加强银行业金融机构内控管理有效防范柜面业务操作风险的通知》（银监办发〔2015〕97 号）。

控制和监督制度。客户申请办理柜面业务时，银行业金融机构应采取凭证签字、语音自助提示、屏幕自助显示等方式告知客户其办理的业务性质、金额并得到客户确认，确保根据客户真实意愿办理业务。柜面办理大额资金汇划应坚持前后台分离、岗位制约原则，实行远程复核（授权）的银行，办理金额超过一定标准的资金汇划业务应实行现场审核与远程复核（授权）相结合的方式；对办理重要业务的客户实行交叉回访；对资金汇划异常的账户，要切实加强布控，及时预警监测异常交易。

加强开户管理。银行业金融机构应坚持“了解你的客户”原则，加强开户真实性审核，包括开户文件和印鉴的真实性、开户申请人意愿的真实性和开户办理人身份的真实性等；对客户实行分类管理，对于重点关注客户和异地客户开户应坚持上门核实。在本行已开立基本账户的企业申请开立一般账户，应与开立基本账户时留存的开户文件、印鉴进行核对，如核对不一致应与客户进行核实确认。

加强对账管理。银行业金融机构应坚持对账与业务办理在人员、岗位、职责方面严格分离原则；可采取提升客户体验、降低对账成本等措施，提升客户采用电子对账的意愿，提高电子对账率；加强新开户企业、企业注册地与对账地址不一致、短期内资金异动等账户的对账工作，必要时应上门、面对面进行对账核实；加强对账结果分析，对于当期未实现有效对账的账户，下一期应采取措施保证有效对账；提升服务水平，采取多种方式提供资金变动通知服务，便于客户实时掌握其账户资金变动情况。

加强账户监控。银行业金融机构应制定完善异常、可疑交易核查制度，对系统发现的异常交易或潜在风险点，应明确核查、反馈和处理工作机制，且应由独立于前台业务部门的人员予以核查。及时总结风险事件特点，合理设定并动态更新风险监测指标和模型，提升系统的风险识别和预警能力。

加强印章凭证管理。银行业金融机构应加强印章凭证管理，坚持“双人入库保管、事先审批登记、双人监督领用”原则，确保保管、审批、使用的分离和有效监督制约。可通过建立凭证、印章的信息管理系统，实现对重要凭证和核算印章的系统刚性控制，建立“交易、凭证、用印”对应关系，有效防范套打存折、盗用重要凭证和印章等风险。

加强代销业务管理。银行业金融机构总行应集中上收代销业务审批权限，对代销机构实行名单制管理，严禁分支机构超授权代销；在官方网站和营业场所公示本行代销的金融产品清单，以及产品发行方、预期收益、相关风险等重要信息。

加强风险提示。以滚动屏幕显示、在营业场所醒目位置张贴“风险提示书”等方式，告知客户购买金融产品有风险、私售产品的主要表现形式及危害，提高客户自我保护意识；以抄写风险提示等方式向客户充分揭示其投资产品的风险和应承担的责任，确保其风险知情权。

加强客户信息安全管理。银行业金融机构应加强对接触客户信息岗位的权限管理和行为管理，特别关注互联网环境下新兴业务应用、交易系统存在的客户信息泄露隐患，确保对可能产生信息泄露的环节有足够的监测和管控能力；对信用卡持卡人信息、网上银行业务客户信息等，应提高风险防范级别，加强风险管控措施。

加强录音录像监控。银行业金融机构应在营业网点现金区实施同步录音录像，录像资料回放应清晰辨别银行员工和客户的面部特征，显示业务办理全过程；录音资料应完整、清晰记录业务办理过程中双方的交流过程。加快推进银行理财产品和代销产品销售录音录像工作，录音、录像资料应能完整客观、清晰可辨地记录业务或产品介绍、相关风险和关键信息提示、客户确认和反馈等重点环节。

加强营业场所管理。银行业金融机构应完善营业场所管理制度，落实网点负责人对营业场所、营业秩序的管理职责；上级行应加强对网点日常经营行为的监督检查，定期采用神秘人检查、抽查录音记录、调阅监控录像、查询文档资料等多种方式对网点进行风险排查；严防不法分子冒充银行工作人员在银行营业场所从事非法或违规活动，并在醒目位置予以明确公告。

加强员工行为管理。银行业金融机构应严格执行《中国银监会办公厅关于进一步加强银行业务和员工行为管理的通知》（银监办发〔2014〕57 号）的有关要求，制定完善员工异常行为排查制度，落实机构负责人对员工的管理、教育和监督职责；针对突出风险点制定并下发员工从业禁止性规定和职业操守“底线”，对违反禁止性规定的发现一起、严厉查处一起，涉嫌犯罪的要移送公安、司法机关。银行业金融机构应于近期组织开展一次重点岗位员工行为专项大排查，并对发现的问题及时采取相应措施，严肃整改。

二、风险控制部门管理

加强风险事件处置。银行业金融机构应明确风险事件报告、检查、处置、整改、问责的标准化处理流程及各部门职责分工，完善应急处置预案和机制，切实做好控人、止损工作，同时引导客户通过正当渠道合理主张自身合法权益。妥善处理已发事件，要充分考虑事件性质，严格按照责任归属，遵循法律法规妥善处置，确保处置程序公平，处置方式合理，处置结果公正。

加强风险事件联动查处和双线整改。事发机构所在一级分行承担查处和整改的第一责任；总行业务条线部门和风险事件查处牵头部门要联合组织查处工作，提升诊断风险、剖析原因、认定责任、整改预防等方面的专业性和精准性；对于风险事件暴露出的、可能普遍存在的风险隐患，由总行及时向全辖发布风险警示，组织专项检查；对于风险事件暴露出的管理问题，要实行涉事机构所在一级分行和总行业务条线的双线整改；总行应向全行通报典型案例，加强对分支机构和员工的警示教育。

加强风险事件双线问责。在对风险事件直接责任人进行严肃问责的同时，对管理不尽职、履职不到位的机构负责人和业务条线管理人员也要严格认定责任并严肃问责；对于性质严重、负面影响大的风险事件，要比照案件问责标准严肃问责，绝不姑息、以儆效尤；将风险事件防控工作纳入绩效考评，落实事发机构的第一责任、相关业务管理部门的管理责任、监督管理部门的监督责任，切实发挥绩效考评的导向和约束作用；对于涉事机构自查发现、主动报告、积极处置的，可在考核中酌情考虑；对于发生风险事件隐瞒不报的，要从严从重处罚。

三、评估与审查部门管理

加强内部举报核查。银行业金融机构应鼓励员工主动举报违规行为，及时、深入核实员工举报信息，有效保护举报人，充分发挥员工监督的积极作用。

加强宣传引导。银行业金融机构应加强对公众的持续宣传引导，通过海报、滚屏、短信、网站公告、媒体宣传等多种方式，提示公众警惕高息诱惑，警惕资金掮客，警惕他人代办，警惕附加承诺，警惕信息泄露，提高公众风险防范和依法维权意识。

加强声誉风险管理。银行业金融机构应对可能引发声誉风险的事件制定应急预案，建立舆情应对的快速反应机制；加强与新闻媒体的沟通联系及信息披露力度，及时对重要事项做出解释或说明，对不实信息应及时予以公开澄清，对真实问题应抓紧采取应对措施，避免事态严重化，同时积极主动做好公众来访来询接待工作。

加强监督检查。各银监局应定期对辖内银行业金融机构的内控执行情况开展督促检查。对存在风险隐患或侵害客户合法权益的银行业金融机构，责令限期进行整改，并依法依规采取约谈高管人员、暂停准入事项等监管措施。

第四节

操作风险管理

一、操作风险管理体系

（一）董事会的监督控制

商业银行董事会应将操作风险作为商业银行面对的一项主要风险，并承担监控操作风险管理有效性的最终责任。主要职责包括：

1. 制定与本行战略目标相一致且适用于全行的操作风险管理战略和总体政策；

2. 通过审批及检查高级管理层有关操作风险的职责、权限及报告制度，确保全行的操作风险管理决策体系的有效性，并尽可能地确保将本行从事的各项业务面临的操作风险控制在可以承受的范围内；

3. 定期审阅高级管理层提交的操作风险报告，充分了解本行操作风险管理的总体情况、高级管理层处理重大操作风险事件的有效性以及监控和评价日常操作风险管理的有效性；

4. 确保高级管理层采取必要的措施有效地识别、评估、监测和控制/缓释操作风险；

5. 确保本行操作风险管理体系接受内审部门的有效审查与监督；

6. 制定适当的奖惩制度，在全行范围有效地推动操作风险管理体系地建设。

（二）高级管理层的职责

商业银行的高级管理层负责执行董事会批准的操作风险管理战略、总体政策及体系。主要职责包括：

1. 在操作风险的日常管理方面，对董事会负最终责任；

2. 根据董事会制定的操作风险管理战略及总体政策，负责制定、定期审查和监督执行操作风险管理的政策、程序和具体的操作规程，并定期向董事会提交操作风险总体情况的报告；

3. 全面掌握本行操作风险管理的总体状况，特别是各项重大的操作风险事件或项目；

4. 明确界定各部门的操作风险管理职责以及操作风险报告的路径、频率、内容，督促各部门切实履行操作风险管理职责，以确保操作风险管理体系的正常运行；

5. 为操作风险管理配备适当的资源，包括但不限于提供必要的经费、设置必要的岗位、配备合格的人员、为操作风险管理人员提供培训、赋予操作风险管理人员履行职务所必需的权限等；

6. 及时对操作风险管理体系进行检查和修订，以便有效地应对内部程序、产品、业务活动、信息科技系统、员工及外部事件和其他因素发生变化所造成的操作风险损失事件。

（三）风险控制部门职责

商业银行应指定部门专门负责全行操作风险管理体系的建立和实施。该部门与其他部门应保持独立，确保全行范围内操作风险管理的一致性和有效性。主要职责包括：

1. 拟定本行操作风险管理政策、程序和具体的操作规程，提交高级管理层和董事会审批；

2. 协助其他部门识别、评估、监测、控制及缓释操作风险；

3. 建立并组织实施操作风险识别、评估、缓释（包括内部控制措施）和监测方法以及全行的操作风险报告程序；

4. 建立适用全行的操作风险基本控制标准，并指导和协调全行范围内的操作风险管理；

5. 为各部门提供操作风险管理方面的培训，协助各部门提高操作风险管理水平、履行操作风险管理的各项职责；

6. 定期检查并分析业务部门和其他部门操作风险的管理情况；

7. 定期向高级管理层提交操作风险报告；

8. 确保操作风险制度和措施得到遵守。

二、操作风险管理政策、方法和程序

（一）操作风险相关工作职责

商业银行相关部门对操作风险的管理情况负直接责任。主要职责包括：

1. 指定专人负责操作风险管理，其中包括遵守操作风险管理的政策、程序和具体的操作规程；

2. 根据本行统一的操作风险管理评估方法，识别、评估本部门的操作风险，并建立持续、有效的操作风险监测、控制/缓释及报告程序，并组织实施；

3. 在制定本部门业务流程和相关业务政策时，充分考虑操作风险管理和内部控制的要求，应保证各级操作风险管理人员参与各项重要的程序、控制措施和政策的审批，以确保与操作风险管理总体政策的一致性；

4. 监测关键风险指标，定期向负责操作风险管理的部门或牵头部门通报本部门操作风险管理的总体状况，并及时通报重大操作风险事件。

商业银行法律、合规、信息科技、安全保卫、人力资源等部门在管理好本部门操作风险的同时，应在涉及其职责分工及专业特长的范围内为其他部门管理操作风险提供相关资源和支持。

（二）内审部门职责

商业银行的内审部门不直接负责或参与其他部门的操作风险管理，但应定期检查评估本行的操作风险管理体系运作情况，监督操作风险管理政策的执行情况，对新出台的操作风险管理政策、程序和具体的操作规程进行独立评估，并向董事会报告操作风险管理体系运行效果的评估情况。鼓励业务复杂程度较高和规模较大的商业银行委托社会中介机构对其操作风险管理体系定期进行审计和评价。

（三）操作风险管理政策的内容

商业银行应当制定适用于全行的操作风险管理政策。操作风险管理政策应当与银行的业务性质、规模、复杂程度和风险特征相适应。主要内容包括：

（1）操作风险的定义；

（2）适当的操作风险管理组织架构、权限和责任；

（3）操作风险的识别、评估、监测和控制/缓释程序；

（4）操作风险报告程序，其中包括报告的责任、路径、频率，以及对各部门的其他具体要求；

（5）应针对现有的和新推出的重要产品、业务活动、业务程序、信息科技系统、人员管理、外部因素及其变动，及时评估操作风险的各项要求。

商业银行应当选择适当的方法对操作风险进行管理。具体的方法可包括：评估操作风险和内部控制、损失事件的报告和数据收集、关键风险指标的监测、新产品和新业务的风险评估、内部控制的测试和审查以及操作风险的报告。

业务复杂及规模较大的商业银行，应采用更加先进的风险管理方法，如使用量化方法对各部门的操作风险进行评估，收集操作风险损失数据，并根据各业务线操作风险的特点有针对性地进行管理。

商业银行应当制定有效的程序，定期监测并报告操作风险状况和重大损失情况。应针对潜在损失不断增大的风险，建立早期的操作风险预警机制，以便及时采取措施控制、降低风险，降低损失事件的发生频率及损失程度。

商业银行应当将加强内部控制作为操作风险管理的有效手段，与此相关的内部措施至少应当包括：

（1）部门之间具有明确的职责分工以及相关职能的适当分离，以避免潜在的利益冲突；

（2）密切监测遵守指定风险限额或权限的情况；

（3）对接触和使用银行资产的记录进行安全监控；

（4）员工具有与其从事业务相适应的业务能力并接受相关培训；

（5）识别与合理预期收益不符及存在隐患的业务或产品；

（6）定期对交易和账户进行复核和对账；

（7）主管及关键岗位轮岗轮调、强制性休假制度和离岗审计制度；

（8）重要岗位或敏感环节员工8小时内外行为规范；

（9）建立基层员工署名揭发违法违规问题的激励和保护制度；

（10）查案、破案与处分适时、到位的双重考核制度；

（11）案件查处和相应的信息披露制度；

（12）对基层操作风险管控奖惩兼顾的激励约束机制。

为有效地识别、评估、监测、控制和报告操作风险，商业银行应当建立并逐步完善操作风险管理信息系统。管理信息系统至少应当记录和存储与操作风险损失相关的数据和操作风险事件信息，支持操作风险和控制措施的自我评估，监测关键风险指标，并可提供操作风险报告的有关内容。

商业银行应当制定与其业务规模和复杂性相适应的应急和业务连续方案，建立恢复服务和保证业务连续运行的备用机制，并应当定期检查、测试其灾难恢复和业务连续机制，确保在出现灾难和业务严重中断时这些方案和机制的正常执行。

商业银行应当制定与外包业务有关的风险管理政策，确保业务外包有严谨的合同和服务协议、各方的责任义务规定明确。

商业银行可购买保险以及与第三方签订合同，并将其作为缓释操作风险的一种方法，但不应因此忽视控制措施的重要作用。购买保险等方式缓释操作风险的商业银行，应当制定相关的书面政策和程序。

三、专区“双录”

2017年原银监会发布《银行业金融机构销售专区录音录像管理暂行规定》，明确提出银行业金融机构在营业场所销售自身依法发行的理财产品（即自有理财产品）及合作机构依法发行的金融产品（即代销产品），应实施专区“双录”管理，即设立销售专区，并在销售专区内装配电子系统，对每笔产品销售过程同步录音录像。

同时规定，银行业金融机构在营业场所销售自有理财产品及代销产品，应在销售专区内进行，不得在销售专区外进行产品销售活动[①]，并应在销售专区内配备包含“销售专区”（或“销售专柜”）、“录音录像”字样的明显标识，在显著位置以醒目字体提醒消费者可通过信息查询平台、网站或其他媒介了解产品相关信息，并进行明确的风险提示。销

① 消费者通过自助终端等电子设备进行自主购买的除外。

售人员应遵循相关监管要求并具有理财及代销业务相应资格，销售人员相关信息及其销售资格应在专区内进行公示，除本机构工作人员外，禁止其他任何人员在营业场所开展营销活动。

银行业金融机构应对自有理财产品及代销产品的销售过程进行同步录音录像，完整客观地记录营销推介、相关风险和关键信息提示、消费者确认和反馈等重点销售环节，消费者确认内容应至少包括其充分了解销售人员所揭示的产品风险等。银行业金融机构进行上述录音录像行为应征得消费者同意，如其不同意则不能销售产品。

银行业金融机构应在自助终端等电子设备中对产品风险信息进行充分披露，同时还应提示消费者如有销售人员介入进行营销推介，则应停止自助终端购买操作，转至销售专区内购买。严禁销售人员在自助终端等电子设备上代客操作购买产品。

银行业金融机构应将录音录像资料至少保留到产品终止日起 6 个月后或合同关系解除日起 6 个月后，发生纠纷的要保留到纠纷最终解决后。对存储的录音录像资料进行严格管理，不可人为更改、涂抹或删除，并确保能够实现快速精准的检索调阅。银行业金融机构应对录音录像资料数据进行备份，并妥善保管备份数据。银行业金融机构应遵照保密管理相关规定，在录音录像资料存储期限届满时按要求对相关资料进行销毁。

第五节

操作风险监管资本计量合规要点

商业银行应按照《商业银行操作风险管理指引》的要求，将操作风险管理作为主要风险管理职能纳入全行风险管理体系。商业银行应选择标准法、替代标准法或高级计量法来计量操作风险监管资本。商业银行计量操作风险监管资本应符合本指引规定的条件，经银保监会（原银监会）批准后方可实施。未经银保监会（原银监会）批准，商业银行不得变更操作风险监管资本计量方法。

一、标准法

（一）标准法的适用条件

条件 1：商业银行董事会应承担监控操作风险管理有效性的最终责任，高级管理层应负责执行董事会批准的操作风险管理策略、总体政策及体系。

条件 2：商业银行应建立与本行的业务性质、规模和产品复杂程度相适应的操作风险管理系统。该管理系统应能够记录和存储与操作风险损失相关的数据和操作风险事件信息，能够支持操作风险及控制措施的自我评估和对关键风险指标的监测，能够帮助商业银行有效地识别、评估、监测、控制、缓释操作风险。该管理系统应配备完整的制度文件，规定对未遵守制度的情况进行合理的处置和补救。

条件 3：商业银行应系统性地收集、整理、跟踪和分析操作风险相关数据，包括业务条线的操作风险损失金额和损失频率，定期根据损失数据进行风险评估，并将评估结果纳入操作风险监测和控制。

条件 4：商业银行应建立清晰的操作风险内部报告路线。商业银行负责操作风险管理的部门应定期向高级管理层和董事会提交全行的操作风险管理报告，报告中应包括操作风险及控制措施的评估结果、关键风险指标、主要操作风险事件、已确认或潜在的重大操作风险损失等信息，并对报告中反映的信息采取有效举措。

条件 5：商业银行应投入充足的人力和物力支持业务条线实施操作风险管理，并确保内部控制和内部审计的有效性。

条件 6：商业银行的操作风险管理系统和流程应接受验证和审查，验证和审查应覆盖业务条线和全行的操作风险管理。

条件 7：商业银行的操作风险管理系统及其验证情况应接受银保监会（原银监会）的监督检查。

（二）标准法的计算过程

商业银行使用标准法计量的操作风险监管资本，等于前三年操作风险监管资本的算术平均数。前三年中每年的操作风险监管资本等于当年以下业务条线监管资本的总和：公司金融、交易和销售、零售银行、商业银行、支付和清算、代理服务、资产管理、零售经纪、其他业务条线。以上各业务条线监管资本相加为负数的，当年的操作风险监管资本用零表示。

$$监管资本的总和 = \sum_{i=1}^{9} 各业务条线监管资本$$

其中，各业务条线监管资本 =（该业务条线的净利息收入 + 净非利息收入）×该业务条线对应 β 系数 = 当年该业务条线的总收入 × 该业务条线对应 β 系数

用公式表示为：

$$K_{TSA} = \frac{\sum_{1}^{3} \max[\sum(GI_{1-9} \times \beta_{1-9}), 0]}{3}$$

其中，K_{TSA}为商业银行用标准法计算的操作风险资本要求，GI_{1-9}表示各业务条线当年的总收入，β_{1-9}表示各业务条线对应的β系数，如表 8－3 所示，$\max[\sum(GI_{1-9}\times\beta_{1-9}),0]$ 表示当年的操作风险资本要求为负数的可以用 0 表示，因此，$\sum_{1}^{3}\max[\sum(GI_{1-9}\times\beta_{1-9}),0]$ 表示前三年操作风险监管资本的算术平均数。总收入的构成如表 8－4 所示。

表 8－3　　业务条线归类目录及对应 β 系数

编号	1 级目录	2 级目录	业务种类、示例	对应β系数
1	公司金融	公司和机构融资	并购重组服务、包销、承销、上市服务、退市服务、证券化，研究和信息服务，债务融资，股权融资，银团贷款安排服务，公开发行新股服务、配股及定向增发服务、咨询见证、债务重组服务，其他公司金融服务等	18%
		政府融资		
		投资银行		
		咨询服务		
2	交易和销售	销售	交易账户人民币理财产品、外币理财产品、在银行间债券市场做市、自营贵金属买卖业务、自营衍生金融工具买卖业务、外汇买卖业务、存放同业、证券回购、资金拆借、外资金融机构客户融资、贵金属租赁业务、资产支持证券、远期利率合约、货币利率掉期、利率期权、远期汇率合约、利率掉期、掉期期权、外汇期权、远期结售汇、债券投资、现金及银行存款、中央银行往来、系统内往来、其他资金管理，等等	18%
		做市商交易		
		自营业务		
		资金管理		
3	零售银行	零售业务	零售贷款、零售存款、个人收入证明、个人结售汇、其他零售服务	12%
		私人银行业务	高端贷款、高端客户存款收费、高端客户理财、投资咨询、其他私人银行服务	
		银行卡业务	信用卡、借记卡、其他银行卡服务	
4	商业银行	商业银行业务	单位贷款、单位存款、项目融资、贴现、信贷资产买断卖断、担保、保函、承兑、信用证、委托贷款、进出口贸易融资、不动产服务、保理、租赁、单位存款证明、转贷款服务、其他商业银行业务	15%
5	支付和结算〔注〕	客户	债券结算代理、代理外资金融机构外汇清算、代理政策性银行贷款资金结算、银证转账、代理其他商业银行办理银行汇票、代理外资金融机构人民币清算、支票、企业电子银行、商业汇票、结售汇、证券资金清算、彩票资金结算、黄金交易资金清算、期货交易资金清算、个人电子汇款，其他支付结算业务	18%
6	代理服务	托管	证券投资基金托管、QFII、QDII 托管、企业年金托管、其他各项资产托管、交易资金第三方账户托管、代保管、保管箱业务、其他相关业务	15%
		公司代理服务	代收代扣业务、代客外汇买卖、代客衍生金融工具业务、代理证券业务、代理买卖贵金属业务、代理保险业务、代收税款、代发工资、代理企业年金业务、其他对公代理业务	
		公司受托业务	企业年金受托人业务、其他受托代理业务	

续表

编号	1级目录	2级目录	业务种类、示例	对应β系数
7	资产管理	全权委托的资金管理	投资基金管理、委托资产管理、私募股权基金、其他全权委托的资金管理	12%
		非全权委托的资金管理	投资基金管理、委托资产管理、企业年金管理、其他全权委托的资金管理	
8	零售经纪	零售经纪业务	执行指令服务、代销基金、代理保险、个人理财、其他零售经纪业务	12%
9	其他业务	其他业务	无法归入以上八个业务条线的业务种类	18%

表 8-4　　总收入的构成及说明

	项目	内容
1	利息收入	金融机构往来利息收入，贷款、投资利息收入，其他利息收入等
2	利息支出	金融机构往来利息支出、客户存款利息支出、其他借入资金利息支出等
3	净利息收入	1-2
4	手续费和佣金净损益	手续费及佣金收入-手续费及佣金支出
5	净交易损益	汇兑与汇率产品损益、贵金属与其他商品交易损益、利率产品交易损益、权益衍生产品交易损益等
6	证券投资净损益	证券投资净损益等，但不包括：银行账户“持有至到期日”和“可供出售”两类证券出售实现的损益
7	其他营业收入	股利收入、投资物业公允价值变动等
8	净非利息收入	4+5+6+7
9	总收入	3+8

二、替代标准法

（一）替代标准法的适用条件

商业银行使用替代标准法，应符合本标准法适用的条件，并应向银保监会书面证明与使用标准法相比，使用替代标准法能够减缓风险重复计量的程度。

（二）替代标准法的计算方法

在银行的各业务条线中，除零售银行和商业银行业务条线的总收入用前三年贷款余额的算术平均数与3.5%的乘积替代外，替代标准法的业务条线归类原则、对应系数和计算方法与标准法相同。

零售银行和商业银行业务条线的监管资本计算公式分别为：

零售银行业务条线的监管资本 =3.5% ×前三年零售银行业务条线贷款余额的算术平均数 ×12%

商业银行业务条线的监管资本 =3.5% ×前三年商业银行业务条线贷款余额的算术平均数 ×15%

其中，商业银行业务条线的贷款余额中还应包括银行账户证券的账面价值。

商业银行对除零售银行和商业银行以外的业务条线的监管资本，可以按照标准法计算，如表 8 –5 所示，也可以用其他业务条线的总收入之和与 18% 的乘积代替，如表 8 –6 所示。

表 8 –5　　第一种计算方法

	业务条线	β 系数	监管资本
1	公司金融	18%	18% ×公司金融总收入
2	交易和销售	18%	18% ×交易和销售总收入
3	零售银行	12%	12% ×3.5% ×前三年零售银行业务条线贷款余额的算术平均数
4	商业银行	15%	15% ×3.5% ×前三年商业银行业务条线贷款余额的算术平均数
5	支付和清算	18%	18% ×支付和清算总收入
6	代理服务	15%	15% ×代理服务总收入
7	资产管理	12%	12% ×资产管理总收入
8	零售经纪	12%	12% ×零售经纪总收入
9	其他业务条线	18%	18% ×未能划入上述 8 类业务条线的其他业务总收入
	第一年操作风险监管资本	—	以上各项之和
	第二年操作风险监管资本	同上	同上
	第三年操作风险监管资本	同上	同上
	操作风险监管资本		前三年操作风险监管资本之和 ÷3

表 8 –6　　第二种计算方法

	业务条线	β 系数	监管资本
1	零售银行	12%	12% ×3.5% ×前三年零售银行业务条线贷款余额的算术平均数
2	商业银行	15%	15% ×3.5% ×前三年商业银行业务条线贷款余额的算术平均数
3	其他 7 个业务条线	18%	18% ×其他 7 个业务条线总收入之和
	第一年操作风险监管资本	—	以上各项之和
	第二年操作风险监管资本	同上	同上
	第三年操作风险监管资本	同上	同上
	操作风险监管资本		前三年操作风险监管资本之和 ÷3

三、高级计量法

（一）替代标准法的适用条件

1. 定性要求

商业银行使用高级计量法，除应符合标准法适用的条件外，还应符合以下定性要求：

第一，商业银行的操作风险计量应成为操作风险管理流程的重要组成部分，相关计量系统应能促进商业银行改进全行和各业务条线的操作风险管理，支持向各业务条线配置相应的资本。

第二，商业银行的操作风险计量系统应通过验证，验证的标准和程序应符合银保监会（原银监会）的有关规定。

2. 定量要求

商业银行使用高级计量法，还应符合以下定量要求：

第一，操作风险计量系统应具有较高的精确度，考虑到了非常严重损失事件发生的频率和损失的金额。

第二，商业银行应具备操作风险计量系统的模型开发和模型独立验证的严格程序。

第三，商业银行如不能向原银监会证明已准确计算出了预期损失并充分反映在当期损益中，就应在计量操作风险监管资本时综合考虑预期损失和非预期损失之和。

第四，商业银行在加总不同类型的操作风险监管资本时，可以自行确定相关系数，但要书面证明所估计的各项操作风险损失之间相关系数的合理性。

第五，商业银行操作风险计量系统的建立应基于本行内部积累的损失数据、外部相关损失数据、情景分析、本行的业务经营环境和内部控制四个基本要素，并对操作风险计量系统中的作用和权重做出书面合理界定。

（二）四个基本要素

1. 内部损失数据条件

商业银行用于计量操作风险的内部损失数据至少应符合以下条件：

第一，商业银行应具备至少 5 年观测期的内部损失数据。初次使用高级计量法的商业银行，可使用 3 年期的内部损失数据。

第二，商业银行应书面规定对内部损失数据进行加工、调整的方法、程序和权限。

第三，商业银行收集内部损失数据，应设置合理的损失事件统计金额起点。

第四，商业银行操作风险计量系统使用的内部损失数据应与业务条线归类目录和损失事件类型目录建立对应关系。

第五，商业银行的内部损失数据应全面覆盖对全行风险评估有重大影响的所有重要的业务活动。

第六，商业银行除应收集损失金额信息外，还应收集损失事件发生时间、损失事件发生的原因等信息。

第七，商业银行对由一个中心控制部门（如信息科技部门）或由跨业务条线及跨期事件引起的操作风险损失，应制定合理具体的损失分配标准。

第八，商业银行对因操作风险事件（如抵押品管理缺陷）引起的信用风险损失，如已将其反映在信用风险数据库中，应视其为信用风险损失，不纳入操作风险监管资本计量，但应将此类事件在操作风险内部损失数据库中单独做出标记说明。

第九，商业银行对因操作风险事件引起的市场风险损失，应反映在操作风险的内部损失数据库中，纳入操作风险监管资本计量。

2. 外部数据

商业银行的操作风险计量系统应使用相关的外部数据，包括公开数据、银行业共享数据等，并书面规定外部数据加工、调整的方法、程序和权限。外部数据应包含实际损失金额、发生损失事件的业务规模、损失事件的原因和背景等信息。

商业银行的操作风险内部损失数据收集情况及评估结果、对外部数据的使用情况，应接受银保监会的监督检查。

3. 情景分析

商业银行运用外部数据估计潜在的操作风险大额损失时，应借助风险管理专家的主观情景分析。商业银行对操作风险计量系统所使用的相关性假设，也应进行情景分析。商业银行应及时将事后真实的损失结果与情景分析进行对比，不断提高情景分析的合理性。

4. 业务经营环境和内部控制因素

商业银行在运用内部、外部损失数据和情景分析方法计量操作风险时，还应考虑到可能使操作风险状况发生变化的业务经营环境和内部控制因素，并将这些因素转换成为可计量的定量指标纳入操作风险计量系统。

商业银行可以将保险理赔收入作为操作风险的缓释因素。保险的缓释最高不超过操作风险监管资本要求的20%。保险缓释作用的认可标准由银保监会（原银监会）另行规定。

商业银行可根据本行业务性质、规模和产品复杂程度以及风险管理水平自行选择操作风险计量模型，包括损失分布模型、打分卡模型等。操作风险计量模型的置信度应设定为99.9%，观测期为1年。

经银保监会（原银监会）批准，商业银行可就大部分业务条线使用高级计量法，对其余业务条线使用标准法，但是商业银行应确保全球范围业务的所有重大操作风险均无遗漏，确保使用高级计量法计量的部分应符合高级计量法的要求；使用标准法计量的部分应符合标准法的要求。

复习思考题

1. 简述常见的操作风险类型。
2. 简述操作风险形成的原因。
3. 商业银行出现哪些重大操作风险事件应及时向银保监会或其派出机构报告？
4. 良好的操作风险管理通常依靠哪三道防线？
5. 什么是专区“双录”？

第九章　流动性风险管理

第一节

流动性风险内涵与成因

流动性风险是商业银行最常见的风险之一，是指商业银行无法以合理成本及时获得充足资金，用于偿付到期债务、履行其他支付义务和满足正常业务开展的其他资金需求的风险。

流动性风险与信用风险、操作风险相比，形成的原因更加复杂和广泛。银行流动性风险的根源就是高负债期限错配，期限错配一般是指借短放长，比如吸收短期存款的同时放出长期贷款，一旦没有持续的存款进入银行，就可能产生流动性风险。如果银行出现了流动性问题，很可能会引发挤兑现象，从而导致银行破产倒闭。

信用风险、市场风险、操作风险等风险的管理缺陷同样可能会导致流动性不足，故流动性风险通常被视为一种综合性风险。比如当商业银行出现信用风险时，发放的贷款无法回收，导致银行坏账增加，在回收贷款方面肯定会消耗人力、物力、财力，久而久之，当这样的情况发生次数达到上限，就会影响商业银行的经营绩效，在社会上造成一定的恐慌，人们对银行的信心不足，客户更愿意将资产放在经营绩效好的商业银行，随着存款的减少，不良贷款的增加，流动性风险就会产生。又比如操作风险，当发生电脑故障、人为失误或者其他突发事件，使得计划当中应该使用的资金无法到账，给银行带来流动性不足，也会造成流动性风险。

银行之间的风险传染也可能引起银行的流动性风险。各商业银行之间都会有业务往来，当某一家银行发生流动性危机而倒闭，那么势必无法偿还别的银行的贷款，给别的银行造成损失，突如其来的危机别的银行不能立即处理，就会造成流动性危机。另外，一家银行的倒闭导致很多人无法获得自己应得的财产，这会给公众带来巨大的恐慌，人们对银行失去了信心，人们宁愿把钱放在家里也不愿放在银行，导致银行不仅无法获得存款，而且需要大量的资金来满足客户提款的需要，流动性风险管理不善或者资金供应方面做得不好的银行必定会发生流动性危机。

第二节
流动性风险治理结构

根据银保监会（原银保监会）的要求，商业银行应当按照《商业银行流动性风险管理办法》[①] 建立健全流动性风险管理体系，对法人和集团层面、各附属机构、各分支机构、各业务条线的流动性风险进行有效识别、计量、监测和控制，确保其流动性需求能够及时地以合理成本得到满足。

商业银行应当在法人和集团层面建立与其业务规模、性质和复杂程度相适应的流动性风险管理体系。流动性风险管理体系应当包括以下基本要素：

（1）有效的流动性风险管理治理结构；

（2）完善的流动性风险管理策略、政策和程序；

（3）有效的流动性风险识别、计量、监测和控制；

（4）完备的管理信息系统。

商业银行应当在内部定价以及考核激励等相关制度中充分考虑流动性风险因素，在考核分支机构或主要业务条线经风险调整的收益时应当考虑流动性风险成本，防止因过度追求业务扩张和短期利润而放松流动性风险管理。

商业银行应当按照银行业监督管理机构关于内部控制的有关要求，建立完善的流动性风险管理内部控制体系，作为银行整体内部控制体系的有机组成部分。

一、董事、监事、高级管理层的职责

商业银行应当建立有效的流动性风险管理治理结构，明确董事会及其专门委员会、监

① 《商业银行流动性风险管理办法》（银保监会令〔2018〕3号）。

事会（监事）、高级管理层以及相关部门在流动性风险管理中的职责和报告路线，建立适当的考核和问责机制。

商业银行董事会可以授权其下设的专门委员会履行部分职责，但董事会承担流动性风险管理的最终责任：

1. 审核批准流动性风险偏好、流动性风险管理策略、重要的政策和程序，流动性风险偏好应当至少每年审议一次；

2. 监督高级管理层对流动性风险实施有效管理和控制；

3. 持续关注流动性风险状况，定期获得流动性风险报告，及时了解流动性风险水平、管理状况及其重大变化；

4. 审批流动性风险信息披露内容，确保披露信息的真实性和准确性；

5. 其他有关职责。

商业银行高级管理层应当履行以下职责：

1. 制定、定期评估并监督执行流动性风险偏好、流动性风险管理策略、政策和程序；

2. 确定流动性风险管理组织架构，明确各部门职责分工，确保商业银行具有足够的资源，独立、有效地开展流动性风险管理工作；

3. 确保流动性风险偏好、流动性风险管理策略、政策和程序在商业银行内部得到有效沟通和传达；

4. 建立完备的管理信息系统，支持流动性风险的识别、计量、监测和控制；

5. 充分了解并定期评估流动性风险水平及管理状况，及时了解流动性风险的重大变化，并向董事会定期报告；

6. 其他有关职责。

商业银行监事会（监事）应当对董事会和高级管理层在流动性风险管理中的履职情况进行监督评价，至少每年向股东大会（股东）报告一次。

二、流动性风险管理的部门职责

商业银行应当指定专门部门负责流动性风险管理，其流动性风险管理职能应当与业务经营职能保持相对独立，并且具备履行流动性风险管理职能所需要的人力、物力资源。商业银行负责流动性风险管理的部门应当具备以下职能：

1. 拟定流动性风险管理策略、政策和程序，提交高级管理层和董事会审核批准；

2. 识别、计量和监测流动性风险，包括持续监控优质流动性资产状况，监测流动性风险限额遵守情况并及时报告超限额情况，组织开展流动性风险压力测试，组织流动性风险应急计划的测试和评估；

3. 识别、评估新产品、新业务和新机构中所包含的流动性风险，审核相关操作和风险管理程序；

4. 定期提交独立的流动性风险报告，及时向高级管理层和董事会报告流动性风险水平、管理状况及其重大变化；

5. 拟定流动性风险信息披露内容，提交高级管理层和董事会审批；

6. 其他有关职责。

商业银行应当将流动性风险管理纳入内部审计范畴，定期审查和评价流动性风险管理的充分性和有效性。内部审计应当涵盖流动性风险管理的所有环节，包括但不限于：

1. 流动性风险管理治理结构、策略、政策和程序能否确保有效识别、计量、监测和控制流动性风险；

2. 流动性风险管理政策和程序是否得到有效执行；

3. 现金流分析和压力测试的各项假设条件是否合理；

4. 流动性风险限额管理是否有效；

5. 流动性风险管理信息系统是否完备；

6. 流动性风险报告是否准确、及时、全面。

流动性风险管理的内部审计报告应当提交董事会和监事会。董事会应当针对内部审计发现的问题，督促高级管理层及时采取整改措施。内部审计部门应当跟踪检查整改措施的实施情况，并及时向董事会提交有关报告。

第三节

流动性风险管理策略、政策和程序

商业银行应当根据经营战略、业务特点、财务实力、融资能力、总体风险偏好及市场影响力等因素确定流动性风险偏好，流动性风险偏好应当明确其在正常和压力情景下愿意并能够承受的流动性风险水平，同时，制定书面的流动性风险管理策略、政策和程序。

流动性风险管理策略、政策和程序应当涵盖表内外各项业务以及境内外所有可能对流动性风险产生重大影响的业务部门、分支机构和附属机构，并包括正常和压力情景下的流动性风险管理。

商业银行的流动性风险管理策略应当明确流动性风险管理的总体目标、管理模式以及主要政策和程序。流动性风险管理政策和程序包括但不限于：

1. 流动性风险识别、计量和监测，包括现金流测算和分析；

2. 流动性风险限额管理；

3. 融资管理；

4. 日间流动性风险管理；

5. 压力测试；

6. 应急计划；

7. 优质流动性资产管理；

8. 跨机构、跨境以及重要币种的流动性风险管理；

9. 对影响流动性风险的潜在因素以及其他类别风险对流动性风险的影响进行持续监测和分析。

商业银行在开办新产品、新业务和设立新机构之前，应当在可行性研究中充分评估可能对流动性风险产生的影响，完善相应的风险管理政策和程序，并经负责流动性风险管理的部门审核同意。

商业银行应当综合考虑业务发展、技术更新及市场变化等因素，至少每年对流动性风险偏好、流动性风险管理策略、政策和程序进行一次评估，必要时进行修订。

第四节

流动性风险识别、计量、监测和控制

一、流动性风险监控

商业银行应当根据业务规模、性质、复杂程度及风险状况，运用适当方法和模型，对在正常和压力情景下未来不同时间段的资产负债期限错配、融资来源多元化和稳定程度、优质流动性资产、重要币种流动性风险及市场流动性等进行分析和监测。在运用上述方法和模型时应当使用合理的假设条件，商业银行应定期对各项假设条件进行评估，必要时进行修正，并保留书面记录。

商业银行应当建立现金流测算和分析框架，有效计量、监测和控制正常和压力情景下未来不同时间段的现金流缺口。现金流测算和分析应当涵盖资产和负债的未来现金流以及或有资产和或有负债的潜在现金流，并充分考虑支付结算、代理和托管等业务对现金流的影响。

商业银行应当在涵盖表内外各项业务的基础上，按照本外币合计和重要币种区分正常和压力情景，并考虑资产负债未来增长，分别测算未来不同时间段的现金流入和流出，并形成现金流量报告。

未来现金流可分为确定到期日现金流和不确定到期日现金流。确定到期日现金流是指有明确到期日的表内外业务形成的现金流。不确定到期日现金流是指没有明确到期日的表内外业务（如活期存款）形成的现金流，应当按照审慎原则测算不确定到期日现金流。

商业银行应当合理评估未提取的贷款承诺、信用证、保函、银行承兑汇票、衍生产品交易、因其他履约事项可能发生的垫款、为防范声誉风险而超出合同义务进行支付等所带来的潜在流动性需求，将其纳入现金流测算和分析，并关注相关客户信用状况、偿债能力和财务状况变化对潜在流动性需求的影响。

商业银行应当对重要币种的现金流单独进行测算和分析。

商业银行应当根据业务规模、性质、复杂程度及风险状况，监测可能引发流动性风险的特定情景或事件，采用适当的预警指标，前瞻性地分析其对流动性风险的影响。可参考的情景或事件包括但不限于：

1. 资产快速增长，负债波动性显著上升；
2. 资产或负债集中度上升；
3. 负债平均期限下降；
4. 批发或零售存款大量流失；
5. 批发或零售融资成本上升；
6. 难以继续获得长期或短期融资；
7. 期限或货币错配程度加剧；
8. 多次接近内部限额或监管标准；
9. 表外业务、复杂产品和交易对流动性的需求增加；
10. 银行资产质量、盈利水平和总体财务状况恶化；
11. 交易对手要求追加额外抵（质）押品或拒绝进行新交易；
12. 代理行降低或取消授信额度；
13. 信用评级下调；
14. 股票价格下跌；
15. 出现重大声誉风险事件。

二、流动性风险限额管理

商业银行应当对流动性风险实施限额管理，根据自身业务规模、性质、复杂程度、流动性风险偏好和外部市场发展变化情况，设定流动性风险限额。流动性风险限额包括但不限于现金流缺口限额、负债集中度限额、集团内部交易和融资限额。

商业银行应当按照以下原则设定未来特定时间段的现金流缺口限额：

1. 商业银行应当预测其未来特定时间段内的融资能力，尤其是来自银行或非银行机构的批发融资能力，并依据压力情景下的调减系数对上述预测进行适当调整；

2. 商业银行应当按照合理审慎的方法计算优质流动性资产变现所能产生的现金流入；

3. 商业银行设定现金流缺口限额时应当充分考虑支付结算、代理和托管等业务对现金流的影响。

商业银行应当制定流动性风险限额管理的政策和程序，建立流动性风险限额设定、调整的授权制度、审批流程和超限额审批程序，至少每年对流动性风险限额进行一次评估，必要时进行调整。

商业银行各个时间段的现金流缺口为该时间段的现金流入与现金流出的差额。根据重要性原则，商业银行可以选定部分现金流量少、发生频率低的业务不纳入现金流缺口的计算，但应当经其内部适当程序审核批准。应当由负责流动性风险管理的部门设定现金流缺口限额，确保现金流缺口限额与流动性风险偏好相适应，并经其内部适当程序审核批准。商业银行应当至少每年对现金流缺口限额进行一次评估，必要时予以修订。

商业银行应当对流动性风险限额遵守情况进行监控，超限额情况应当及时报告。对未经批准的超限额情况应当按照限额管理的政策和程序进行处理。对超限额情况的处理应当保留书面记录。

三、融资策略

商业银行应当建立并完善融资策略，提高融资来源的多元化和稳定程度，融资管理应当符合以下要求：

1. 分析正常和压力情景下未来不同时间段的融资需求和来源；

2. 加强负债品种、期限、交易对手、币种、融资抵（质）押品和融资市场等的集中度管理，适当设置集中度限额，对于同业批发融资，应按总量和主要期限分别设定限额；

3. 加强融资渠道管理，积极维护与主要融资交易对手的关系，保持在市场上的适当活跃程度，并定期评估市场融资和资产变现能力；

4. 密切监测主要金融市场的交易量和价格等变动情况，评估市场流动性对商业银行融资能力的影响。

商业银行应当加强融资抵（质）押品管理，确保其能够满足正常和压力情景下日间和不同期限融资交易的抵（质）押品需求，并且能够及时履行向相关交易对手返售抵（质）押品的义务。

商业银行应当区分有变现障碍资产和无变现障碍资产。对可以用作抵（质）押品的无变现障碍资产的种类、数量、币种、所处地域和机构、托管账户，以及中央银行或金融市场对其接受程度进行监测分析，定期评估其资产价值及融资能力，并充分考虑其在融资中的操作性要求和时间要求。

商业银行应当在考虑抵（质）押品的融资能力、价格敏感度、压力情景下的折扣率等因素的基础上提高抵（质）押品的多元化程度。

商业银行应当对流动性风险实施并表管理，既要考虑银行集团的整体流动性风险水平，又要考虑附属机构的流动性风险状况及其对银行集团的影响。设立集团内部的交易和融资限额，分析银行集团内部负债集中度可能对流动性风险产生的影响，防止分支机构或附属机构过度依赖集团内部融资，减少集团内部的风险传导。

商业银行应当加强同业业务流动性风险管理，提高同业负债的多元化和稳定程度，并优化同业资产结构和配置。

四、日间流动性风险管理

商业银行应当加强日间流动性风险管理，确保具有充足的日间流动性头寸和相关融资安排，及时满足正常和压力情景下的日间支付需求，日间流动性风险管理应该符合以下要求：

1. 有效计量每日的预期现金流入总量和流出总量，日间各个时点现金流入和流出的规模、缺口等；

2. 及时监测业务行为变化，以及账面资金、日间信用额度、可用押品等可用资金变化等对日间流动性头寸的影响；

3. 具有充足的日间融资安排来满足日间支付需求，必要时可通过管理和使用押品来获取日间流动性；

4. 具有根据日间情况合理管控资金流出时点的能力；

5. 充分考虑非预期冲击对日间流动性的影响。

商业银行应当结合历史数据对日间流动性状况进行回溯分析，并在必要时完善日间流动性风险管理。

五、压力测试制度

（一）压力测试要求

商业银行应当建立流动性风险压力测试制度，分析承受短期和中长期压力情景的流动性风险控制能力，流动性风险压力测试应当符合以下要求：

（1）合理审慎设定并定期审核压力情景，充分考虑影响商业银行自身的特定冲击、影响整个市场的系统性冲击和两者相结合的情景，以及轻度、中度、严重等不同压力程度；

（2）合理审慎设定在压力情景下商业银行满足流动性需求并可持续经营的最短期限，在影响整个市场的系统性冲击情景下该期限应当不少于30天；

（3）充分考虑各类风险与流动性风险的内在关联性和市场流动性对商业银行流动性风险的影响；

（4）定期在法人和集团层面实施压力测试，当存在流动性转移限制等情况时，应当对有关分支机构或附属机构单独实施压力测试；

（5）压力测试频率应当与商业银行的规模、风险水平及市场影响力相适应，常规压力测试应当至少每季度进行一次，出现市场剧烈波动等情况时，应当提高压力测试频率；

（6）在可能情况下，应当参考以往出现的影响银行或市场的流动性冲击，对压力测试结果实施事后检验，压力测试结果和事后检验应当有书面记录；

（7）在确定流动性风险偏好、流动性风险管理策略、政策和程序，以及制定业务发展和财务计划时，应当充分考虑压力测试结果，必要时应当根据压力测试结果对上述内容进行调整。

商业银行应当根据其业务规模、性质、复杂程度、风险水平、组织架构及市场影响力，充分考虑压力测试结果，制定有效的流动性风险应急计划，确保其可以应对紧急情况下的流动性需求。商业银行应当至少每年对应急计划进行一次测试和评估，必要时进行修订。流动性风险应急计划应当符合以下要求：

（1）设定触发应急计划的各种情景；

（2）列明应急资金来源，合理估计可能的筹资规模和所需时间，充分考虑跨境、跨机构的流动性转移限制，确保应急资金来源的可靠性和充分性；

（3）规定应急程序和措施，至少包括资产方应急措施、负债方应急措施、加强内外部沟通和其他减少因信息不对称而给商业银行带来不利影响的措施；

（4）明确董事会、高级管理层及各部门实施应急程序和措施的权限与职责；

（5）区分法人和集团层面应急计划，并视需要针对重要币种和境外主要业务区域制定专门的应急计划，对于存在流动性转移限制的分支机构或附属机构，应当制定专门的应急计划。

（二）流动性风险压力测试的参考压力情景

商业银行流动性风险压力测试的参考压力情景有：

1. 流动性资产变现能力大幅下降；
2. 批发和零售存款大量流失；
3. 批发和零售融资的可获得性下降；
4. 融资期限缩短和融资成本提高；
5. 表外业务、复杂产品和交易对流动性造成损耗；
6. 交易对手要求追加抵（质）押品或减少融资金额；
7. 主要交易对手违约或破产；
8. 信用评级下调或声誉风险上升；
9. 母公司或集团内其他机构出现流动性危机；
10. 市场流动性状况出现重大不利变化；
11. 跨境或跨机构流动性转移受到限制；
12. 中央银行融资渠道发生重大变化；
13. 银行支付清算系统突然中断运行。

（三）流动性风险应急计划

触发应急计划的情景，包括但不限于：

（1）流动性临时中断，如电子支付系统突然出现运作故障或者其他紧急情况；

（2）信用评级大幅下调或出现重大声誉风险；

（3）交易对手大幅减少融资金额或主要交易对手违约或破产；

（4）特定的流动性风险内部监测指标达到触发值；

（5）本机构发生挤兑事件；

（6）母公司或集团内其他机构出现流动性危机并可能导致流动性风险传染；

（7）市场大幅震荡，流动性枯竭。

流动性风险应急措施包括：

（1）资产方应急措施包括但不限于：变现货币市场资产，出售原定持有到期的证券，出售长期资产、固定资产或某些业务条线（机构）等；

（2）负债方应急措施包括但不限于：从货币市场融资，寻求中央银行融资便利等；

（3）应当在考虑法律、监管、操作和时差限制等因素的影响下评估集团内跨机构和跨境流动性转移的可能性。

六、优质流动性资产

商业银行应当持有充足的优质流动性资产，确保其在压力情景下能够及时满足流动性需求。优质流动性资产应当为无变现障碍资产，可以包括在压力情景下能够通过出售或抵（质）押方式获取资金的流动性资产。根据其流动性风险偏好，考虑压力情景的严重程度和持续时间、现金流缺口、优质流动性资产变现能力等因素，按照审慎原则确定优质流动性资产的规模和构成。

七、管理信息系统

商业银行应当建立完备的管理信息系统，准确、及时、全面地计量、监测和报告流动性风险状况。管理信息系统应当至少实现以下功能：

1. 监测日间流动性状况，每日计算各个设定时间段的现金流入、流出及缺口；

2. 计算流动性风险监管和监测指标，并在必要时提高监测频率；

3. 支持流动性风险限额的监测和控制；

4. 支持对大额资金流动的实时监控；

5. 支持对优质流动性资产及其他无变现障碍资产种类、数量、币种、所处地域和机构、托管账户等信息的监测；

6. 支持对融资抵（质）押品种类、数量、币种、所处地域和机构、托管账户等信息的监测；

7. 支持在不同假设情景下实施压力测试。

商业银行应当建立规范的流动性风险报告制度，明确各项流动性风险报告的内容、形式、频率和报送范围，确保董事会、高级管理层和其他管理人员及时了解流动性风险水平及其管理状况。

八、流动性风险监测指标计量标准

（一）流动性缺口

流动性缺口是指以合同到期日为基础，按特定方法测算未来各个时间段到期的表内外资产和负债，并将到期资产与到期负债相减获得的差额。计算公式为：

未来各个时间段的流动性缺口 = 未来各个时间段到期的表内外资产 − 未来各个时间段到期的表内外负债

其中，

未来各个时间段到期的表内外资产 = 未来各个时间段到期的表内资产 + 未来各个时间段到期的表外收入

未来各个时间段到期的表内外负债 = 未来各个时间段到期的表内负债 + 未来各个时间段到期的表外支出

在计算到期的表内负债时，活期存款中的稳定部分按规定方法进行审慎估算。

（二）流动性缺口率

流动性缺口率是指未来各个时间段的流动性缺口与相应时间段到期的表内外资产的比例。计算公式为：

$$\text{流动性缺口率} = \frac{\text{未来各个时间段的流动性缺口}}{\text{相应时间段到期的表内外资产}} \times 100\%$$

其中，

相应时间段到期的表内外资产 = 相应时间段到期的表内资产 + 相应时间段到期的表外收入

（三）核心负债比例

核心负债比例是指中长期较为稳定的负债占总负债的比例。计算公式为：

核心负债比例 = 核心负债/总负债 × 100%

其中，核心负债包括距离到期日三个月以上（含）的定期存款和发行债券，以及活期存款中的稳定部分，总负债是资产负债表中负债总计的余额，活期存款中的稳定部分按规定方法进行审慎估算。

（四）同业融入比例

同业融入比例是指商业银行从同业机构交易对手处获得的资金占总负债的比例，计算公式为：

同业融入比例 =（同业拆放 + 同业存放 + 卖出回购 + 委托方同业代付 + 发行同业存单 - 结算性同业存款）/总负债 ×100%

（五）最大十户存款比例

最大十户存款比例是指前十大存款客户存款合计占各项存款的比例，计算公式为：

最大十户存款比例 = 最大十家存款客户存款合计/各项存款 ×100%

（六）最大十家同业融入比例

最大十家同业融入比例是指商业银行从最大十家同业机构交易对手处获得的资金占总负债的比例，计算公式为：

最大十家同业融入比例 =（来自最大十家同业机构交易对手的同业拆放 + 同业存放 + 卖出回购 + 委托方同业代付 + 发行同业存单 - 结算性同业存款）/总负债 ×100%

（七）超额备付金率

超额备付金率是指商业银行的超额备付金与各项存款的比例，计算公式为：

超额备付金 = 商业银行在中央银行的超额准备金存款 + 库存现金

超额备付金率 = 超额备付金/各项存款 ×100%

（八）重要币种的流动性覆盖率

重要币种的流动性覆盖率是指对某种重要币种单独计算的流动性覆盖率。计算公式等同于下节的流动性覆盖率。

（九）存贷比

存贷比是指商业银行调整后贷款余额与调整后存款余额的比例。计算公式为：

存贷比 = 调整后贷款余额/调整后存款余额 ×100%

调整后贷款与调整后存款按规定方法计算。

第五节

流动性风险监管

一、流动性风险监管指标

流动性风险监管指标包括流动性覆盖率（LCR）、净稳定资金比例（NSFR）、流动性比例、流动性匹配率和优质流动性资产充足率，其中流动性覆盖率、净稳定资金比例是《巴塞尔协议Ⅲ》确立的全球统一的流动性风险监管指标，是我国资产规模2000亿元以上银行需要持续达标的指标。

商业银行应当在法人和集团层面分别计算未并表和并表的流动性风险监管指标。

（一）流动性覆盖率

流动性覆盖率用以衡量银行合格优质流动性资产满足未来30天流动性需求的能力。根据要求资产规模不小于2000亿元人民币的商业银行应当持续达到流动性覆盖率、净稳定资金比例、流动性比例和流动性匹配率的最低监管标准；资产规模小于2000亿元人民币的商业银行应当持续达到优质流动性资产充足率、流动性比例和流动性匹配率的最低监管标准。

流动性覆盖率监管指标旨在确保商业银行具有充足的合格优质流动性资产，能够在规定的流动性压力情景下，通过变现这些资产满足未来至少30天的流动性需求，流动性覆盖率的最低监管标准为不低于100%，计算公式为：

流动性覆盖率＝合格优质流动性资产÷未来30天现金净流出量×100%

其中，未来30天现金净流出量＝未来30天现金流出量－未来30天现金流入量

在计算并表流动性覆盖率时，若集团内部存在跨境或跨机构的流动性转移限制，相关附属机构满足自身流动性覆盖率最低监管标准之外的合格优质流动性资产，不能计入集团的合格优质流动性资产。

（二）净稳定资金比例

净稳定资金比例监管指标用以衡量银行较长期限内可使用的稳定资金来源支持表内外

资产业务发展所需资金的能力，旨在确保商业银行具有充足的稳定资金来源，以满足各类资产和表外风险敞口对稳定资金的需求。净稳定资金比例的最低监管标准为不低于100%，计算公式为：

净稳定资金比例 = 可用的稳定资金 ÷ 所需的稳定资金 × 100%

（三）流动性比例

流动性比例的最低监管标准为不低于25%，计算公式为：

流动性比例 = 流动性资产余额 ÷ 流动性负债余额 × 100%

（四）流动性匹配率

流动性匹配率监管指标衡量商业银行主要资产与负债的期限配置结构，旨在引导商业银行合理配置长期稳定负债、高流动性或短期资产，避免过度依赖短期资金支持长期业务发展，提高流动性风险抵御能力，流动性匹配率的最低监管标准为不低于100%，计算公式为：

流动性匹配率 = 加权资金来源 ÷ 加权资金运用 × 100%

加权资金来源包括来自中央银行的资金①、各项存款、同业存款、同业拆入、卖出回购（不含与中央银行的交易）、发行债券及发行同业存单等项目。

加权资金运用包括各项贷款、存放同业②、拆放同业、买入返售（不含与中央银行的交易）、投资同业存单、其他投资等项目。其中，其他投资指债券投资、股票投资外的表内投资，包括但不限于特定目的载体投资（如商业银行理财产品、信托投资计划、证券投资基金、证券公司资产管理计划、基金管理公司及子公司资产管理计划、保险业资产管理机构资产管理产品等）。如表9－1所示。

表9－1　　　　流动性匹配率项目表

项目	折算率（按剩余期限）		
	≤3个月	3—12个月	>1年
加权资金来源			
1. 来自中央银行的资金	70%	80%	100%
2. 各项存款	50%	70%	100%
3. 同业存款	0%	30%	100%

① 来自中央银行的资金包括通过公开市场操作、常备借贷便利、中期借贷便利、再贷款等从中央银行融入的资金。

② 7天以内的存放同业、拆放同业及买入返售的折算率为0%。

续表

项目	折算率（按剩余期限）		
	≤3 个月	3—12 个月	>1 年
4. 同业拆入及卖出回购①	0%	40%	100%
5. 发行债券及发行同业存单	0%	50%	100%
加权资金运用			
1. 各项贷款	30%	50%	80%
2. 存放同业②及投资同业存单	40%	60%	100%
3. 拆放同业及买入返售	50%	70%	100%
4. 其他投资	100%		
5. 由银行业监督管理机构视情形确定的项目	由银行业监督管理机构视情形确定		

（五）优质流动性资产充足率

优质流动性资产充足率监管指标旨在确保商业银行保持充足的、无变现障碍的优质流动性资产，在压力情况下，银行可通过变现这些资产来满足未来 30 天内的流动性需求，优质流动性资产充足率的最低监管标准为不低于 100%，计算公式为：

优质流动性资产充足率 = 优质流动性资产 ÷ 短期现金净流出 ×100%

二、流动性覆盖率计量

（一）流动性覆盖率压力情景

流动性覆盖率所设定的压力情景包括影响商业银行自身的特定冲击及影响整个市场的系统性冲击，如：

1. 一定比例的零售存款流失；
2. 无抵（质）押批发融资能力下降；
3. 以特定抵（质）押品或与特定交易对手进行短期抵（质）押融资的能力下降；
4. 银行信用评级下调 1—3 个档次，导致额外契约性现金流出或被要求追加抵（质）押品；
5. 市场波动造成抵（质）押品质量下降、衍生产品的潜在远期风险暴露增加，导致

① 卖出回购、买入返售均不含与中央银行的交易。

② 7 天以内的存放同业、拆放同业及买入返售的折算率为 0%。

抵（质）押品扣减比例上升、追加抵（质）押品等流动性需求；

6. 银行向客户承诺的信用便利和流动性便利在计划外被提取；

7. 为防范声誉风险，银行可能需要回购债务或履行非契约性义务。

（二）合格优质流动性资产特征与操作要求

流动性覆盖率所指的合格优质流动性资产，是在流动性覆盖率所设定的压力情景下，能够通过出售或抵（质）押方式，在无损失或极小损失的情况下在金融市场快速变现的各类资产。合格优质流动性资产由一级资产和二级资产构成。

商业银行持有的、在压力情况下仍具有市场流动性的资产，若符合相关要求，无论剩余期限多少，均可纳入合格优质流动性资产。理想情况下，合格优质流动性资产应是中央银行接受的融资抵（质）押品，但可向中央银行抵（质）押融资的资产并不必然属于合格优质流动性资产。合格优质流动性资产应当具有以下基本特征，并满足相关操作性要求：

1. 基本特征

（1）属于无变现障碍资产；

（2）风险低，且与高风险资产的相关性低；

（3）易于定价且价值稳定；

（4）在广泛认可、活跃且具有广度、深度和规模的成熟市场中交易，市场波动性低，历史数据表明在压力时期的价格和成交量仍然比较稳定；

（5）市场基础设施比较健全，存在多元化的买卖方，市场集中度低；

（6）从历史上看，在发生系统性危机时，市场参与者倾向于持有这类资产。

2. 操作性要求

商业银行应当具有变现合格优质流动性资产的政策、程序和系统，能够在流动性覆盖率所设定的压力情景下，在30天内随时变现合格优质流动性资产，以弥补现金流缺口，并确保变现在正常的结算期内完成，具体要求有：

（1）合格优质流动性资产应当由商业银行负责流动性风险管理的部门控制，该部门持续具有法律和操作权限，可以将合格优质流动性资产作为应急资金来源单独管理，或者能够在流动性覆盖率所设定的压力情景下，在30天内随时变现合格优质流动性资产并使用变现资金，而且不与银行现有的业务和风险管理策略相冲突；

（2）商业银行应当具有相关政策和程序，能够获得合格优质流动性资产所在地域和机构、托管账户和币种等信息，并且能够每天确定合格优质流动性资产的构成；

（3）商业银行可以对合格优质流动性资产的市场风险进行套期保值，但应当考虑由于套期保值提前终止而引发的现金流出；

（4）商业银行应当定期测试合格优质流动性资产的变现能力，确保其具有足够的流动性，并避免在压力情景下出售资产可能带来的负面影响，必要时应当加大测试频率；

（5）商业银行变现合格优质流动性资产，不应当导致其违反相关法律法规和监管要求；

（6）如果合格优质流动性资产中的部分资产出现不符合规定的情形，商业银行可以在不超过 30 天的期限内继续将其计入合格优质流动性资产。

商业银行收到的符合合格优质流动性资产条件的抵（质）押品，如果根据法律和合同可以用于再抵（质）押融资，则可以纳入本行合格优质流动性资产计算，但交易对手根据合同有权在 30 天内收回该抵（质）押品的除外。

（三）合格优质流动性资产的构成与计算

1. 一级资产

合格优质流动性资产由一级资产和二级资产构成。一级资产按照当前市场价值计入合格优质流动性资产，包括：

（1）现金；

（2）存放于中央银行且在压力情景下可以提取的准备金；

（3）由主权实体、中央银行、国际清算银行、国际货币基金组织、欧洲央行和欧盟委员会或多边开发银行发行或担保的，可在市场上交易且满足以下条件的证券：第一，按照银行业监督管理机构的资本监管规定，风险权重为 0%。第二，在规模大、具有市场深度、交易活跃且集中度低的市场中交易。第三，历史记录显示，在市场压力情景下仍为可靠的流动性来源。第四，最终偿付义务不是由金融机构或其附属机构承担；

（4）当银行母国或银行承担流动性风险所在国家（地区）的主权风险权重不为 0% 时，由上述国家的主权实体或中央银行发行的本币债券；

（5）当银行承担流动性风险所在国家（地区）的主权风险权重不为 0% 时，由上述国家的主权实体或中央银行发行的外币债券，但仅限于流动性覆盖率所设定的压力情景下，银行在承担流动性风险所在国家（地区）的该外币现金净流出。

2. 二级资产

二级资产由 2A 资产和 2B 资产构成。合格优质流动性资产中二级资产占比不得超过 40%，2B 资产占比不得超过 15%。

2A 资产在当前市场价值基础上按 85% 的折扣系数计入合格优质流动性资产，包括：

（1）由主权实体、中央银行、公共部门实体[①]或多边开发银行发行或担保的，可在市场上交易且满足以下条件的证券[②]：第一，按照银行业监督管理机构的资本监管规定，风险权重为 20%。第二，在规模大、具有市场深度、交易活跃且集中度低的市场中交易。第三，历史记录显示，在市场压力情景下仍为可靠的流动性来源，在严重的流动性压力时期，该证券在 30 天内价格下跌不超过 10% 或回购交易折扣率上升不超过 10 个百分点。第四，最终偿付义务不是由金融机构或其附属机构承担；

（2）满足以下条件的公司债券和担保债券[③]：第一，不是由金融机构或其附属机构发行的公司债券。第二，不是由本行或其附属机构发行的担保债券。第三，经银行业监督管理机构认可的合格外部信用评级机构给出的长期信用评级至少为 AA－，或者缺乏长期信用评级时，具有同等的短期信用评级，或者缺乏外部信用评级时，根据银行内部信用评级得出的违约概率与外部信用评级 AA－及以上对应的违约概率相同。第四，在规模大、具有市场深度、交易活跃且集中度低的市场中交易。第五，历史记录显示，在市场压力情景下仍为可靠的流动性来源，在严重的流动性压力时期，该债券在 30 天内价格下跌不超过 10% 或回购交易折扣率上升不超过 10 个百分点。

2B 资产在当前市场价值基础上按 50% 的折扣系数计入合格优质流动性资产，包括满足下列条件的公司债券：第一，不是由金融机构或其附属机构发行；第二，经银行业监督管理机构认可的合格外部信用评级机构给出的长期信用评级为 BBB－至 A＋，或者缺乏长期信用评级时，具有同等的短期信用评级，或者缺乏外部信用评级时，根据银行内部信用评级得出的违约概率与外部信用评级 BBB－至 A＋对应的违约概率相同；第三，在规模大、具有市场深度、交易活跃且集中度低的市场中交易；第四，历史记录显示，在市场压力情景下仍为可靠的流动性来源，在严重的流动性压力时期，该债券在 30 天内价格下跌不超过 20% 或回购交易折扣率上升不超过 20 个百分点。

3. 上限计算规则

商业银行应当将 30 天内到期的涉及合格优质流动性资产的抵（质）押融资、抵（质）押借贷以及抵（质）押品互换交易还原，相应调整各类合格优质流动性资产的数量，包括：将以合格优质流动性资产交换一级资产的上述交易还原，得到调整后一级资产

① 根据《商业银行资本管理办法（试行）》第五十八条，商业银行对我国公共部门实体债权的风险权重为 20%；第五十五条，商业银行对境外公共部门实体债权的风险权重与对所在国家或地区注册的商业银行债权的风险权重相同，最低为 25%。

② 若某项资产同时满足本项条件及一级资产中第（4）或第（5）项条件，商业银行可以将该资产作为一级资产纳入流动性覆盖率计算。

③ 符合条件的商业票据也可纳入此类别计算。

数量；将以合格优质流动性资产交换2A资产的上述交易还原，得到调整后2A资产数量；将以合格优质流动性资产交换2B资产的上述交易还原，得到调整后2B资产数量。计算2A资产和2B资产数量时，应当采用相应的折扣系数。

在计算二级资产40%的上限时，先考虑由于15%上限的存在对2B资产所造成的扣减。商业银行应当按照以下公式计算2B资产调整项和二级资产调整项：

2B资产调整项 = Max{调整后2B资产 − 15/85 ×（调整后一级资产 + 调整后2A资产），调整后2B资产 − 15/60 × 调整后一级资产,0}

二级资产调整项 = Max{调整后2A资产 + 调整后2B资产 − 2B资产调整项 − 2/3 × 调整后一级资产,0}

4. 合格优质流动性资产的计算

合格优质流动性资产 = 一级资产 + 2A资产 + 2B资产 − 2B资产调整项 − 二级资产调整项，

或

合格优质流动性资产 = 一级资产 + 2A资产 + 2B资产 − Max{（调整后2A资产 + 调整后2B资产）− 2/3 × 调整后一级资产,调整后2B资产 − 15/85 ×（调整后一级资产 + 调整后2A资产）,0}

5. 部分交易的计算说明

买断式逆回购和证券借入中收到的、符合合格优质流动性资产定义、没有被再抵（质）押且依照法律或合同可被银行使用的资产可以纳入合格优质流动性资产部分进行计算。如果交易对手按照合同规定有权利在30天压力期内提取押品，则该资产或通过该资产再抵（质）押融入的资金均不应计入合格优质流动性资产。而且如果交易对手依合同提取该类资产导致空头头寸产生（如银行将该类资产用于更长期的证券融资交易），则该逆回购和证券借入纳入流动性覆盖率计算的现金流入为0。

如果银行没有对因衍生产品交易而收取的押品进行单独管理，并且在法律上可以将这些押品用于再抵（质）押，只要银行适当计算了衍生产品交易的净现金流出，则可以将收取的押品计入合格优质流动性资产。

抵（质）押融资交易（如正回购）中向交易对手提供的合格优质流动性资产应当从分子部分扣除。在抵（质）押融资交易中，若提供的押品为资产池，应全部视为非合格优质流动性资产计算抵（质）押融资交易现金流出。如果用作抵（质）押的资产池中含有本行持有的合格优质流动性资产，应当从分子部分对应扣除。对于预存或超额抵（质）押的押品，如押品资产池中在报告日尚未使用的押品，均视同存在变现障碍，不得计入合格优质流动性资产。

（四）现金净流出量

现金净流出量是指在流动性覆盖率所设定的压力情景下，未来30天的预期现金流出总量与预期现金流入总量的差额。预期现金流出总量是在流动性覆盖率所设定的压力情景下，相关负债和表外项目余额与其预计流失率或提取率的乘积之和。预期现金流入总量是在流动性覆盖率所设定的压力情景下，表内外相关契约性应收款项余额与其预计流入率的乘积之和。可计入的预期现金流入总量不得超过预期现金流出总量的75%。

1. 现金流出：项目及折算率

（1）零售存款。零售存款是指自然人存放于商业银行的存款，分为稳定存款和欠稳定存款。稳定存款是指被有效存款保险计划完全覆盖或由公开保证提供同等保护，并且存放于交易性账户（如自动存入工资账户）或者存款人与商业银行之间由于存在其他关系使得提取可能性很小的存款。

欠稳定存款包括未被有效存款保险计划完全覆盖的存款、大额存款、经验丰富或高资产净值个人的存款、易被迅速提走的存款（如网上存款）等。对于外币存款，即使被有效存款保险计划覆盖，但如果有证据显示其波动程度大于本币存款，则应当计入欠稳定存款。若难以判定某项存款为稳定存款，则应当将其视为欠稳定存款。零售存款项目及其折算率如表9－2所示。

表9－2　零售存款项目及其折算率

零售存款项目	折算率
活期存款和剩余期限在30天内的定期存款	
（1）稳定存款	5%
满足有效存款保险计划的附加标准	3%
（2）欠稳定存款	10%
剩余期限或提款通知期超过30天，且存款人无权在30天内提款或者提前提款导致的罚金显著超过利息损失的定期存款	0%

表9－2中，有效存款保险计划是指有能力迅速赔付、保险覆盖范围明确且公众广泛知晓的存款保险计划。有效存款保险计划的保险人应当具有履行职责的正式法定授权，并在操作上具有独立性、透明度和问责机制。有效存款保险计划的附加标准包括：

①保险人能够定期从接受保险的商业银行预先收取费用；

②保险人具有充足的手段确保在发生大额偿付需求时，能够及时获取额外资金，如获得明晰且具有法律约束力的政府担保或从政府借款的常设授权；

③存款保险计划被触发后，存款人可在7个工作日内获得保险偿付。

零售定期存款的剩余期限或提款通知期超过30天，但商业银行允许存款人在不支付相应罚金的情况下提前提取，可提前提取的部分应当按活期存款处理。

（2）无抵（质）押批发融资。无抵（质）押批发融资是指由非自然人客户提供，且未用本行拥有的，可在丧失清偿能力、破产清算或处置期间被行使权利的资产作为抵（质）押品的融资。客户有权在30天内收回，最早合同到期日在30天内和无确定到期日的无抵（质）押批发融资项目应当纳入流动性覆盖率计算。客户有权在合同到期日之前收回，但合同明确规定且有约束力的提款通知期超过30天的批发融资项目，不纳入流动性覆盖率计算。对于商业银行有权在未来30天内提前偿还的无抵（质）押批发融资，若商业银行不行使该提前还款权可能导致市场认为其面临流动性压力时，商业银行为防范声誉风险将被迫行使该提前还款权，相关的预期现金流出应当纳入流动性覆盖率计算。衍生产品合约相关的负债不纳入本项目。无抵（质）押批发融资项目及其折算率如表9－3所示。

表9－3　　无抵（质）押批发融资项目及其折算率

无抵（质）押批发融资项目	折算率
小企业客户的活期存款和剩余期限在30天内的定期存款	
（1）稳定存款 满足有效存款保险计划的附加标准 （2）欠稳定存款	5% 3% 10%
业务关系存款（不包括代理行业务①） 由存款保险计划或提供同等保护的公开保证所覆盖的部分 满足有效存款保险计划的附加标准	25% 5% 3%
由非金融机构、主权实体、中央银行、多边开发银行和公共部门实体提供的非业务关系存款 该存款全额被有效存款保险计划或提供同等保护的公开保证覆盖	40% 20%
其他法人客户提供的融资	100%

小企业客户是指在商业银行的资金总额（并表口径）不超过800万元并被视同零售存款管理的非金融机构客户，如商业银行对该客户存在信用风险暴露，该客户还应当满足银行业监督管理机构资本监管规定中的微型和小型企业条件。剩余期限或提款通知期超过30天的小企业客户定期存款比照零售定期存款处理。

业务关系存款是指商业银行为非自然人客户（满足本办法规定的小企业客户除外）提供清算、托管和现金管理服务所产生的存款。商业银行对业务关系存款的认定应当经银行

① 流动性覆盖率计算中的代理行业务是指一家银行（代理行）持有另一家银行（被代理行）的存款，并提供支付和其他服务以对外币交易进行结算的业务安排（例如用于清算和结算被代理行以非本币计量交易的往来账户）。

业监督管理机构认可。

清算服务是指客户通过直接参与境内支付结算系统的商业银行间接地将资金（或证券）转移给最终接受方，仅限于对客户支付指令的传送、对账和确认、日间透支、隔夜融资和结算后账户维护，以及日间和最终结算头寸的确定。托管服务是指在客户交易或持有金融资产的过程中，商业银行代表客户对资产进行保管、报告、处理或者对相关营运和管理活动提供便利，仅限于证券交易结算、契约性支付的转移、抵（质）押品处理与托管相关的现金管理服务，以及股利和其他收入的收取、客户申购赎回、资产和公司信托服务、资金管理、第三方保管、资金转移、股票转移、支付结算等代理服务（不含代理行业务）和存托凭证。现金管理服务是指商业银行向客户提供现金流管理、资产和负债管理以及客户日常经营所必需的金融服务，仅限于汇款、收款、资金归集、工资支付管理和资金支出控制。

清算、托管和现金管理服务及相关的业务关系存款应当满足以下条件：

①客户在未来 30 天内对商业银行的清算、托管和现金管理服务存在实质性依赖，如客户具有充足的备份安排，则不满足该项条件；

②商业银行与客户之间签订了具有法律效力的清算、托管和现金管理服务合同；

③客户终止上述服务合同的提前通知期至少为 30 天，或者客户转移相关存款的成本（如交易成本、信息技术成本、提前终止成本或法律成本）较高；

④业务关系存款存放于专门账户，该账户向客户提供的收益不足以吸引客户存放超出其清算、托管和现金管理所需的多余资金，客户提供该存款的主要目的为利用银行提供的上述服务，而非获取利息收入。

业务关系存款账户中的多余资金是指可以被提取的满足业务需要以外的资金，即该部分资金被提取后账户上留存的资金仍足够满足清算、托管和现金管理服务需要。商业银行应当采用适当方法识别业务关系存款账户中的多余资金，并将其按照非业务关系存款处理。商业银行的识别方法应当满足以下要求：一是保证足够的颗粒度，以充分反映资金在单体压力情景下的提取风险；二是考虑各项相关因素，如批发客户持有的存款超过特定支付需要平均余额的可能性；三是运用适当的定量标准，如账户余额与支付结算规模的比值、账户余额与托管资产规模的比值等。商业银行不具备多余资金识别方法的，应当将全部存款按照非业务关系存款处理。

如果银行业监督管理机构认为商业银行业务关系存款的客户集中度过高，可以要求对这部分存款按照非业务关系存款处理。来自代理行业务的存款按非业务关系存款计算。

其他法人客户提供的融资包括金融机构、受托人、受益人、管道、特定目的载体及本行附属机构等其他法人客户提供的非业务关系存款及其他无抵（质）押融资。商业银行发行的30天内到期的无担保债券纳入其他法人客户提供的融资。但针对零售或小企业客户发行、只可在零售或小企业客户间交易且只能由零售或小企业客户持有的无担保债券，可分别计入对应的零售和小企业客户存款项目。

（3）抵（质）押融资。抵（质）押融资是指以本行拥有的，可在丧失清偿能力、破产清算或处置期间被行使法定权利的资产作为抵（质）押品的融资。所有将在30天内到期的抵（质）押融资项目应当纳入流动性覆盖率计算。银行为满足客户空头头寸而借给客户抵（质）押品，应当按照抵（质）押融资处理。抵（质）押融资项目及其折算率如表9-4所示。

表9-4　抵（质）押融资项目及其折算率

抵（质）押融资项目	折算率
以一级资产作为抵（质）押品或以中央银行为交易对手	0%
以2A资产作为抵（质）押品	15%
以本国主权实体、多边开发银行或风险权重不高于20%的本国公共部门实体为交易对手，且不是以一级资产和2A资产作为抵（质）押品	25%
以2B资产作为抵（质）押品	50%
其他	100%

（4）其他项目。其他项目及其折算率如表9-5所示。

表9-5　其他项目及其折算率

其他项目	折算率/现金流出
衍生产品交易的净现金流出	100%
融资交易、衍生产品以及其他合约中包含降级触发条款所导致的流动性补充需求	银行评级下调1—3个（含）档次所增加的抵（质）押品要求或者导致的现金流出
衍生产品及其他交易市值变动导致的流动性补充需求	前24个月内出现的30天内抵（质）押品净流出最大值
衍生产品及其他交易中非一级资产抵（质）押品估值变化导致的流动性补充需求	20%
根据合同能被交易对手随时收回的超额非隔离抵（质）押品导致的流动性补充需求	100%
抵（质）押品对外交付义务导致的流动性补充需求	100%
合同允许交易对手以非合格优质流动性资产替换合格优质流动性资产抵（质）押品导致的流动性补充需求	100%
30天内到期的资产支持证券、担保债券及其他结构性融资工具	100%
30天内到期的资产支持商业票据、管道工具、证券投资载体和类似融资工具	100%

续表

其他项目	折算率/现金流出
未来30天内交易对手可以行使权力的未提取的不可无条件撤销的信用便利和流动性便利	
(1) 提供给零售和小企业客户	5%
(2) 提供给非金融机构、主权实体和中央银行、多边开发银行和公共部门实体	
信用便利 流动性便利	10% 30%
(3) 提供给受到审慎监管的银行	40%
(4) 提供给其他金融机构（包括证券公司、保险公司、受托人、受益人等）	
信用便利 流动性便利	40% 100%
(5) 提供给其他法人客户以及管道工具、特定目的载体等	100%
未来30天内其他契约性放款义务	100%
(1) 未来30天内对金融机构的契约性放款总额 (2) 未来30天内对零售客户和非金融机构客户的契约性放款总额超过客户契约性现金流入总额50%的部分	100%
未来30天内其他契约性现金流出（不含与商业银行运营成本相关的现金流出）	100%
或有融资义务	
(1) 无条件可撤销的信用便利和流动性便利 (2) 保函、信用证、其他贸易融资工具 (3) 非契约性义务 (4) 拥有附属交易商或做市商的发行机构未偿付的超过30天的债券 (5) 以其他客户抵（质）押品覆盖客户空头头寸所导致的非契约性负债	0% 2.5% 5% 2.5% 50%

信用便利和流动性便利是指商业银行在未来向客户提供资金的契约性融资便利。流动性便利是指商业银行向发行债务融资工具的客户提供的契约性备用融资便利，当客户无法在金融市场滚动发行该债务融资工具时，可以提取该流动性便利。为公司客户提供的日常流动资金融资便利（如循环信用便利）为信用便利。

不可无条件撤销的信用便利和流动性便利是指商业银行不可撤销或者只能有条件撤销该融资便利。债务融资工具将于未来30天内到期部分所对应的不可无条件撤销流动性便利应当纳入流动性覆盖率计算，债务融资工具将于30天以后到期部分所对应的不可无条件撤销流动性便利不纳入流动性覆盖率计算，其余的不可无条件撤销流动性便利按照信用便利处理。

客户为不可无条件撤销的信用便利和流动性便利提供（或根据合同规定，在提取信用便利和流动性便利时需要提供）符合合格优质流动性资产条件的抵（质）押品的，如果该抵（质）押品满足以下条件，则可以从未提取的不可无条件撤销信用便利和流动性便利中扣减其价值：

①未计入商业银行的合格优质流动性资产；

②市场价值与信用便利和流动性便利是否提取的相关性不高；

③客户使用信用便利和流动性便利后，商业银行利用其进行再抵（质）押融资不存在法律和操作障碍。

对于未纳入商业银行并表范围的被投资金融机构，如果在压力时期，商业银行出于防范声誉风险等原因成为其流动性的主要提供者，商业银行应当将可能需要提供的流动性视为其他或有融资义务，按照经银行业监督管理机构认可的审慎方法计算相应的现金流出。

2. 现金流入：项目及折算率

（1）抵（质）押借贷，包括逆回购和借入证券。抵（质）押品现金流入及其折算率如表 9－6 所示。

表 9－6　　抵（质）押品现金流入及其折算率

由以下资产担保的在 30 天内到期的抵（质）押借贷	折算率	
	抵（质）押品未用于再抵（质）押融资	抵（质）押品用于再抵（质）押融资
一级资产	0%	0%
2A 资产	15%	0%
2B 资产	50%	0%
由其他抵（质）押品担保的保证金贷款	50%	0%
其他抵（质）押品	100%	0%

（2）来自不同交易对手的其他现金流入及其折算率如表 9－7 所示。

表 9－7　　来自不同交易对手的其他现金流入及其折算率

来自不同交易对手的其他现金流入	折算率
完全正常履约且 30 天内到期的所有付款（包括利息支付和分期付款）	
（1）来自零售和小企业客户、非金融机构、主权实体、多边开发银行和公共部门实体的现金流入 （2）来自金融机构和中央银行的现金流入	50% 100%
30 天内到期的、未纳入合格优质流动性资产的证券产生的现金流入	100%
存放于其他金融机构的业务关系存款	0%

商业银行持有的30天内到期的一级资产和二级资产，若满足相关定义和操作性要求，应纳入合格优质流动性资产，而不计算现金流入。

（3）信用便利、流动性便利和或有融资便利。商业银行从其他机构获得的信用便利、流动性便利和或有融资便利产生的现金流入适用0%的折算率。

（4）其他项目及其折算率如表9－8所示。

表9－8　其他项目及其折算率

其他项目	折算率
衍生产品交易的净现金流入	100%
其他30天内到期的契约性现金流入（不含非金融业务收入产生的现金流入）	由银行业监督管理机构视情形确定

商业银行应当只计算来自完全正常履约且预计未来30天内不会违约的契约性现金流入。现金流入应按合同允许的最晚时间计入。商业银行基于循环信用便利所发放的贷款应当按照展期处理，不计算现金流入。无确定到期日的贷款不计算现金流入，但如果存在30天内对本金、费用或利息的最低支付要求，则应当根据不同交易对手，适用相应的现金流入折算率。其他30天内到期的契约性现金流入（不含非金融业务收入产生的现金流入）的折算率由银行业监督管理机构视具体情形确定。

商业银行在计算流动性覆盖率时应当避免重复计算。如果某项资产已被计入合格优质流动性资产，不再计算与其相关的现金流入。可以计入多个现金流出项目的业务，应当将其划入预期现金流出量最大的项目。

银行业监督管理机构可以根据商业银行表内外项目的流动性风险状况调整其折算率，增加现金流出项目和减少现金流入项目。

三、流动性风险监管方法和措施

银行业监督管理机构应当定期监测商业银行的所有表内外项目在不同时间段的合同期限错配情况，并分析其对流动性风险的影响。合同期限错配情况的分析和监测可以涵盖隔夜、7天、14天、1个月、2个月、3个月、6个月、9个月、1年、2年、3年、5年和5年以上等多个时间段。相关参考指标包括但不限于各个时间段的流动性缺口和流动性缺口率。

银行业监督管理机构应当定期监测商业银行融资来源的多元化和稳定程度，并分析其对流动性风险的影响。银行业监督管理机构应当按照重要性原则，分析商业银行的表内外负债在融资工具、交易对手和币种等方面的集中度。对负债集中度的分析应当涵盖多个时间段。相关参考指标包括但不限于核心负债比例、同业融入比例、最大十户存款比例和最大十家同业融入比例。

银行业监督管理机构应当持续监测商业银行存贷比的变动情况，当商业银行出现存贷比指标波动较大、快速或持续单向变化等情况时，或商业银行的存贷比明显高于同质同类银行或全部商业银行平均水平时，应当及时了解原因并分析其反映出的商业银行风险变化，必要时进行风险提示或要求商业银行采取相关措施。

商业银行应当将流动性风险监测指标全部纳入内部流动性风险管理框架，及时监测指标变化并定期向银行业监督管理机构报告。

商业银行应当按照规定向银行业监督管理机构报送与流动性风险有关的财务会计、统计报表和其他报告。委托社会中介机构对其流动性风险水平及流动性风险管理体系进行审计的，还应当报送相关的外部审计报告。流动性风险监管指标应当按月报送，银行业监督管理机构另行规定的除外。

银行业监督管理机构可以根据商业银行的业务规模、性质、复杂程度、管理模式和流动性风险特点，确定商业银行报送流动性风险报表、报告的内容和频率。

商业银行应当于每年 4 月底前向银行业监督管理机构报送上一年度的流动性风险管理报告，主要内容包括流动性风险偏好、流动性风险管理策略、主要政策和程序、内部风险管理指标和限额、应急计划及其测试情况等。

商业银行应当按季向银行业监督管理机构报送流动性风险压力测试报告，内容包括压力测试的情景、方法、过程和结果。出现市场剧烈波动等情况时，应当提高压力测试报送频率。商业银行根据压力测试结果对流动性风险偏好、流动性风险管理策略、政策和程序进行重大调整的，应当及时向银行业监督管理机构报告相关情况。

商业银行应当及时向银行业监督管理机构报告下列可能对其流动性风险水平或管理状况产生不利影响的重大事项和拟采取的应对措施：

（1）本机构信用评级大幅下调；

（2）本机构大规模出售资产以补充流动性；

（3）本机构重要融资渠道即将受限或失效；

（4）本机构发生挤兑事件；

（5）母公司或集团内其他机构的经营状况、流动性状况、信用评级等发生重大不利变化；

（6）市场流动性状况发生重大不利变化；

（7）跨境或跨机构的流动性转移政策出现不利于流动性风险管理的重大调整；

（8）母公司、集团经营活动所在国家或地区的政治、经济状况发生重大不利变化；

（9）其他可能对其流动性风险水平或管理状况产生不利影响的重大事件。

如果商业银行的监管指标已经或即将降至最低监管标准以下，应当分析原因及其反映出的风险变化情况，并立即向银行业监督管理机构报告。

商业银行出现监测指标波动较大、快速或持续单向变化的，应当分析原因及其反映出的风险变化情况，并及时向银行业监督管理机构报告。

外商独资银行、中外合资银行境内本外币资产低于境内本外币负债，集团内跨境资金净流出比例超过25%，以及外国银行分行跨境资金净流出比例超过50%的，应当在2个工作日内向银行业监督管理机构报告。

银行业监督管理机构应当根据对商业银行流动性风险水平及其管理状况的评估结果，确定流动性风险现场检查的内容、范围和频率。

商业银行应当按照规定定期披露流动性风险水平及其管理状况的相关信息，包括但不限于：

（1）流动性风险管理治理结构，包括但不限于董事会及其专门委员会、高级管理层及相关部门的职责和作用；

（2）流动性风险管理策略和政策；

（3）识别、计量、监测、控制流动性风险的主要方法；

（4）主要流动性风险管理指标及简要分析；

（5）影响流动性风险的主要因素；

（6）压力测试情况。

对于未遵守流动性风险监管指标最低监管标准的商业银行，银行业监督管理机构应当要求其限期整改，并视情形按照《中华人民共和国银行业监督管理法》第三十七条、第四十六条的规定采取监管措施或者实施行政处罚。

当商业银行在压力状况下流动性覆盖率、优质流动性资产充足率低于最低监管标准时，银行业监督管理机构应当考虑当前和未来国内外经济金融状况，分析影响单家银行和金融市场整体流动性的因素，根据商业银行流动性覆盖率、优质流动性资产充足率降至最低监管标准以下的原因、严重程度、持续时间和频率等采取相应措施。

对于流动性风险管理存在缺陷的商业银行，银行业监督管理机构应当要求其限期整改。对于逾期未整改或者流动性风险管理存在严重缺陷的商业银行，银行业监督管理机构有权采取下列措施：

（1）与商业银行董事会、高级管理层进行监督管理谈话；

（2）要求商业银行进行更严格的压力测试、提交更有效的应急计划；

（3）要求商业银行增加流动性风险管理报告的内容，提高报告频率；

（4）增加对商业银行流动性风险现场检查的内容，扩大检查范围，并提高检查频率；

（5）限制商业银行开展收购或其他大规模业务扩张活动；

（6）要求商业银行降低流动性风险水平；

（7）提高商业银行流动性风险监管指标的最低监管标准；

（8）提高商业银行的资本充足率要求；

（9）《中华人民共和国银行业监督管理法》以及其他法律、行政法规和部门规章规定的有关措施。

对于母公司或集团内其他机构出现流动性困难的商业银行，银行业监督管理机构可以对其与母公司或集团内其他机构之间的资金往来提出限制性要求。

银行业监督管理机构可根据外商独资银行、中外合资银行、外国银行分行的流动性风险状况，对其境内资产负债比例或跨境资金净流出比例提出限制性要求。

复习思考题

1. 流动性风险管理体系应当包括哪些基本要素？
2. 流动性风险管理政策和程序应包括哪些内容？
3. 可能引发流动性风险的情景或事件主要有哪些？
4. 融资管理应当符合哪些要求？
5. 流动性风险压力测试应当符合哪些要求？

第十章　声誉风险管理

声誉风险产生的原因非常复杂，既有可能是商业银行内、外部风险因素综合作用的结果，也有可能是非常简单的风险因素就触发了严重的声誉风险。如果商业银行未能恰当地处理这些风险因素，则可能引发外界的不利反应，严重影响商业银行的声誉，从而影响商业银行的业务发展甚至生存空间。例如，理财产品的虚假承诺或损失可能引发客户和公众的不满或抵制行动；缺乏企业社会责任感则有可能引发有组织的公共抗议活动或言论。因此，商业银行应当建立清晰的声誉风险管理流程，用来一致、持久地识别、评估和监测每一个可能影响声誉的风险因素。

第一节　声誉风险识别

一、声誉风险的定义与来源

声誉风险是指由商业银行经营、管理及其他行为或外部事件导致利益相关方对商业银行负面评价的风险。

声誉风险可能产生于商业银行运营的任何环节，通常与信用风险、市场风险、操作风险、流动性风险等风险交叉存在、相互作用。例如，内部欺诈或违法行为可能同时造成操作风险、法律风险和声誉风险损失。因此，声誉风险识别的核心是正确识别八大类风险中可能威胁商业银行声誉的风险因素。

二、声誉风险基本识别方法

在声誉风险识别中，识别声誉事件很关键，声誉事件是指引发商业银行声誉风险的相关行为或事件。重大声誉事件是指造成银行业重大损失、市场大幅波动、引发系统性风险或影响社会经济秩序稳定的声誉事件。

商业银行通常要求各业务单位及重要岗位定期通过清单法详细列明其当前所面临的主要风险及其所包含的风险因素，然后将其中可能影响到声誉的风险因素提炼出来，认定声誉事件，报告给声誉风险管理部门，如表10－1所示。

表10－1　利用清单法识别声誉风险

风险类别	风险因素/事项	可能影响声誉的风险因素
信用风险	优质客户违约率上升 不良贷款率接近5% 贷款损失准备金充足率低于100% 房地产行业贷款比例超过30%	信用风险状况趋向恶化
市场风险	国债交易损失扩大 衍生产品交易策略错误 持有外汇品种单一 跨国投资账面损失扩大	市场风险管理能力薄弱/技术缺失
操作风险	内外勾结欺诈/骗贷 经常遭到监管处罚 信息系统故障导致业务瘫痪 地震造成营业场所损失	内部控制机制严重缺失 技术部门/外包机构能力欠缺
其他风险	流动性缺口显著扩大 逐步丧失业务特色/市场份额	资产负债/风险管理能力低下 战略风险管理薄弱/缺失

第二节

声誉风险评估

声誉风险管理部门应当将收集到的声誉风险因素按照影响程度和紧迫性进行优先排序。为此，商业银行需要明确界定对不同利益持有者所承担的责任，以及即将执行的决策可能产生的结果。理想状态下，商业银行所采取的任何行为都应当有利于全部利益持有者。然而在实践中，利益权衡则更为普遍，例如，商业银行的信用政策/投资策略调整、股权重组、营业时间/地点调整等各种变动，都可能从不同方面、不同程度影响各种利益持有者的利益，最终结果必然是为了绝大多数利益持有者的利益，而牺牲少数利益持有者的利益。

因为声誉是无形的，所以恰当评估商业银行经营管理方面的变化可能造成声誉风险相当困难。声誉风险评估的关键在于深刻理解潜在风险事件中，利益持有者对商业银行有何期待，以及商业银行对此应当作何反应。

声誉风险管理部门可以采取事先调查等方法，了解典型客户或公众对商业新经营管理活动中的可能变化持何种态度，以尽量准确预测此类变化可能产生的积极结果或消极结果。商业银行通常需要做出预先评估的声誉风险事件包括：

1. 市场对商业银行的盈利预期；
2. 商业银行改革/重组的成本/收益；
3. 监管机构责令整改的不利信息/事件；
4. 影响客户或公众的政策性变化等（如营业场所、营业时间、服务收费等方面的调整）。

第三节

声誉风险监测和报告

声誉风险管理部门处在声誉风险管理的第一线，应当随时了解各类利益持有者所关注的问题，并且正确预测他们对商业银行的业务、政策或运营调整可能产生的反应。同时，声誉风险管理部门应当仔细分析和监测所收到的意见/评论，通过有效的报告和反映系统，及时将利益持有者对商业银行积极和消极的评价或行动、所有的沟通记录和结果，以及商业银行所应当采取的应对措施，经过提炼和整理后，及时汇报给董事会和高级管理层，由最高管理层制定最终的声誉风险应对方案。

声誉风险管理应当成为业务单位日常工作的重要部分。虽然很多商业银行已经将声誉风险管理政策融入业务领域和相关金融产品中，但商业银行仍然需要通过定期的内部审计和现场检查，保证声誉风险管理政策的执行效果。

截至目前，国内外金融机构尚未开发出有效的声誉风险管理量化技术，但普遍认为声誉风险管理的最佳实践操作是：推行全面风险管理理念，改善公司治理，并预先做好防范危机的准备；确保各类风险被正确识别、优先排序，并得到有效管理。

一、董事会的职责

商业银行董事会应制定与本行战略目标一致且适用于全行的声誉风险管理政策，建立全行声誉风险管理体系，监控全行声誉风险管理的总体状况和有效性，承担声誉风险管理的最终责任。其主要职责包括：

1. 审批及检查高级管理层有关声誉风险管理的职责、权限和报告路径，确保其采取必要措施，持续、有效监测、控制和报告声誉风险，及时应对声誉事件；

2. 授权专门部门或团队负责全行声誉风险管理，配备与本行业务性质、规模和复杂程度相适应的声誉风险管理资源；

3. 明确本行各部门在声誉风险管理中的职责，确保其执行声誉风险管理制度和措施；

4. 确保本行制定相应培训计划，使全行员工接受相关领域知识培训，知悉声誉风险管理的重要性，主动维护银行的良好声誉；

5. 培育全行声誉风险管理文化，树立员工声誉风险意识。

二、监管部门对声誉风险的监测和评估

银行业协会应通过行业自律、维权、协调及宣传等方式维护银行业的良好声誉，指导银行业开展声誉风险管理。

银行业监管部门及其派出机构确定相应职能部门或岗位，负责对商业银行声誉风险管理进行监测和评估，并将商业银行声誉风险监管纳入持续监管框架，对商业银行声誉风险管理的有效性进行监督检查，将商业银行声誉风险管理状况作为市场准入的考虑因素。在监管中发现商业银行存在声誉风险问题，有权要求商业银行限期改正；逾期未改正的，或在重大声誉事件处置中存在严重过失的，银监会或其派出机构依法采取相应的监管措施。

第四节

声誉风险控制与缓释

商业银行要采取恰当的声誉风险管理方法进行控制或缓释，有效的声誉风险管理是有

资质的管理人员、高效的风险管理流程以及先进的信息系统共同作用的结果。

一、声誉风险的管理机制

商业银行应建立和制定适用于全行的声誉风险管理机制、办法、相关制度和要求，其内容至少包括：

1. 声誉风险排查，定期分析声誉风险和声誉事件的发生因素和传导途径；

2. 声誉事件分类分级管理，明确管理权限、职责和报告路径；

3. 声誉事件应急处置，对可能发生的各类声誉事件进行情景分析，制定预案，开展演练。

二、声誉风险管理的具体做法

（一）强化声誉风险管理培训

高度重视对员工守则和利益冲突政策的培训，确保所有员工都能深入贯彻、落实商业银行的价值理念和风险管理政策，恪守内部流程，将声誉风险管理渗透到商业银行的每一个环节，从微观处减少潜在的声誉风险因素。

（二）确保实现承诺

无论对利益持有者做出何种承诺，商业银行都必须努力兑现，如果因各种原因无法实现承诺，则必须做出明确、诚恳的解释。

（三）确保及时处理投诉和批评

商业银行在运营和发展过程中，出现某些错误是不可避免的，但及时改正并且正确处理投诉和批评至关重要，有助于商业银行提高金融产品/服务质量的效率。恰当处理投诉和批评对于维护商业银行的声誉固然重要，但是商业银行不能将工作仅停留在解决问题的层面上，通过接受利益持有者的投诉和批评，深入发掘商业银行的潜在风险，才更具价值。

商业银行应当从投诉和批评中积累早期声誉风险预警经验。风险管理人员应有能力分析和判断投诉的起因、规模、趋势、规律与潜在风险之间的相关性，例如，大规模的投诉或批评等外部事件，可能预示即将发生严重的声誉风险，商业银行应及早采取应对措施。

（四）尽可能维护大多数利益持有者的期望与商业银行的发展战略相一致

现实中，商业银行应当对不同利益持有者的期望进行分类并优先排序，一旦发现某些利益持有者的期望和商业银行的未来发展相冲突时，董事会和高级管理层必须做出取舍。

（五）增强对客户/公众的透明度

客户应当被看作是商业银行的核心资产，而不仅仅是产品或服务的被动接受者。传统上，商业银行通常都会因为竞争关系而将很多信息秘而不宣，如今越来越多的商业银行将产品研发、未来发展计划向客户/公众告知，并广泛征求意见，以提早预知和防范新产品/服务可能引发的声誉风险。

（六）将商业银行的企业社会责任和经营目标结合起来

将商业银行的企业社会责任和经营目标结合起来是创造公共透明度、维护商业银行声誉的另一个重要层面。虽然增强企业社会责任感不是提高声誉、降低风险的“万能药”，但负责任的商业银行形象的确有助于增强员工凝聚力、投资者信心，以及吸引更多优质客户。高级管理层应当制定详细的企业社会责任行动方案，力争更多地服务和回馈社会，创建更加友善的机构和人文环境，以利于更稳健、持久地实现商业战略。

商业银行应当不仅在其内部广泛传播价值理念，还应当将这种价值观延续到其合作伙伴、客户和供应服务商，并在整个经济和社会环境中，树立富有责任感并值得信赖的机构形象。

（七）保持与媒体的良好接触

商业银行的良好声誉源自利益持有者的持久信任，而媒体是商业银行和这些利益相关群体保持密切联系的纽带。因此，商业银行需要通过不同的媒体，定期或不定期地宣传商业银行的价值理念。发言人制度、首席执行官的媒体访谈，以及可信赖的第二方（如研究机构的客观评价）都可以成为商业银行在利益持有者以及公众心目中建立积极、良好声誉的重要媒介。此外，强化信息发布和新闻工作归口管理，及时准确地向公众发布信息，主动接受舆论监督，为正常的新闻采访活动提供便利和必要保障。要做好舆情信息研判，实时关注舆情信息，及时澄清虚假信息或不完整信息。

（八）制定危机管理规划

商业银行应当制定声誉风险管理应急机制，并定期测试以确保危机时刻商业银行的反应是及时、恰当的。对于难以评估/预期的风险威胁，可以参照其他商业银行的历史情景，测试自身在同样情况下的危机处理能力。

（九）声誉风险信息管理

商业银行应该记录、存储与声誉风险管理相关的数据和信息。同时，强化声誉风险管理后评价，对声誉事件应对措施的有效性及时进行评估。

三、应对重大声誉事件处置措施

商业银行应积极稳妥地应对声誉事件，其中，对重大声誉事件相关处置措施至少应包括：

1. 在重大声誉事件或可能引发重大声誉事件的行为和事件发生后，及时启动应急预案，拟定应对措施；
2. 指定高级管理人员，建立专门团队，明确处置权限和职责；
3. 按照适时适度、公开透明、有序开放、有效管理的原则对外发布相关信息；
4. 实时关注分析舆情，动态调整应对方案；
5. 重大声誉事件发生后12小时内向银监会或其派出机构报告有关情况；
6. 及时向其他相关部门报告；
7. 及时向银监会或其派出机构递交处置及评估报告。

四、集团公司的声誉风险管理

集团母公司应当制定自身的声誉风险应急预案，附属法人机构应当根据集团母公司的声誉风险管理要求，制定相应的声誉风险应急预案报集团备案。同时，集团母公司应当提升客户满意度并及时准确地发布信息，提升集团在金融市场中的整体形象。

集团应当对附属法人机构声誉事件实行分类分级管理。附属法人机构应当对声誉事件进行应急处置，并及时向集团母公司报告，防止因声誉风险的传递对集团造成不良影响。附属法人机构应当按照集团母公司的要求，评估声誉事件应对措施的有效性，及时向集团母公司反馈情况。

复习思考题

1. 商业银行通常需要做出预先评估的声誉风险事件有哪些?
2. 有哪些重大声誉事件相关处置主要措施?
3. 简述声誉风险管理的具体做法。

第十一章　国别风险管理

第一节

国别风险定义与类型

一、国别风险的定义

国别风险是指由于某一国家或地区经济、政治、社会变化及事件，导致该国家或地区借款人或债务人没有能力或者拒绝偿付商业银行债务，或使商业银行在该国家或地区的商业存在遭受损失，或使商业银行遭受其他损失的风险。国别风险体系中的国家或地区是指不同的司法管辖区或经济体。中国的银行业金融机构在进行国别风险管理时，应当视中国香港、中国澳门和中国台湾为不同的司法管辖区或经济体。

二、国别风险类型

国别风险的主要类型包括转移风险、主权风险、传染风险、货币风险、宏观经济风险、政治风险、间接国别风险七类。

转移风险是国别风险的主要类型之一，是指借款人或债务人由于本国外汇储备不足或外汇管制等原因，无法获得所需外汇以偿还其境外债务的风险。

主权风险指外国政府没有能力或者拒绝偿付其直接或间接外币债务的可能性。

传染风险指某一国家的不利状况导致该地区其他国家评级下降或信贷紧缩的风险，即使这些国家并未发生这些不利状况，自身信用状况也未出现恶化。

货币风险指由于汇率不利变动或货币贬值，导致债务人持有的本国货币或现金流不足以支付其外币债务的风险。

宏观经济风险指债务人因本国政府采取保持本国货币币值的措施而承受利率波动的风险。

政治风险指债务人因所在国发生政治冲突、政权更替、战争等情形，或者债务人资产被国有化或被征用等情形而承受的风险。

间接国别风险指某一国家经济、政治或社会状况恶化，威胁到在该国有重大商业关系或利益的本国借款人的还款能力的风险。银行业金融机构在评估境外借款人的信用状况时，应适当考虑其所在国的国别风险因素。

第二节

国别风险识别

国别风险识别的对象是发生国别风险事件或指标变动，判断其程度与影响，以及判定银行具体业务经营有无国别风险敞口。

一、一国或地区发生国别风险

通常，发生以下事件或指标变动，认为发生了国别风险。

（一）主权违约

主权违约指主权债务人违约。违约指任何遗漏或延迟支付利息和/或本金。折价兑换也包括在违约中。

发行人向债券持有人或存款人提供了一支新的债券或一揽子证券但使得债务金额减少（如优先股或普通股、较低票息或票面金额的债务、改变了到期日或币种的流动性较差的存款）。

债务置换避免借款人违约的意图明显。发行人由于信用原因延迟支付也被认为是违约，即使最终在新合约或贷款协议所规定的期限内实现支付。通货膨胀事件（指年通货膨胀率超过 2%）可视为变种的作为对内/本币违约事件。如 1998 年，俄罗斯停止支付本币国库券，随后又停止支付大部分外币债券。

（二）转移事件

转移事件指借款人或债务人由于本国外汇储备不足或外汇管制等原因，无法获得所需外汇偿还其境外债务，或者债务人资产被国有化或被征用等情形。如阿根廷 2001—2002 年发生了严重的金融危机，大量富人和中产阶级基于对阿根廷前途的担忧纷纷将资产转移至国外或将资产转换为美元，这导致了 2001 年 12 月 1 日阿根廷政府不得不宣布严格的资本冻结措施，包括冻结银行存款，限制提取现金及限制兑换美元，这加剧了阿根廷社会的动荡。

（三）货币贬值

货币贬值指本地货币兑美元的汇率在一年内贬值超过 25% 或一个更高的比例，具体贬值幅度依据年代背景和一国监管需要确定。如阿根廷 2001—2002 年严重金融危机期间，2002 年 1 月 6 日，阿根廷国会参众两院通过了阿根廷新政府提交的经济改革法案，为放弃执行了 11 年之久的联系汇率制和比索贬值开了绿灯。此后，在国会的授权下，阿根廷宣布放弃比索与美元 1:1 挂钩的货币汇率制，阿根廷比索一次性贬值 40%。

（四）银行业危机

银行业危机指某一经济体银行体系的崩溃，尤其易发生在金融危机的背景下。衡量系统性危机的风险，即持有银行总资产 10% 或以上的银行资不抵债，无法偿还储户和/或债权人债务。如果公众对银行体系的信心迅速恢复，短暂的银行挤兑和缺乏流动性而不是偿付能力问题不被视为构成危机。银行危机通常伴随着企业或家庭部门支付困难、资产价格泡沫的破灭、货币和/或期限不匹配。如 2003 年乌拉圭发生银行业危机，人们失去对银行体系的信心，风险利差超过 20%。

（五）政治动荡

政治动荡指债务人所在国发生政治冲突、非正常政权更替、战争等情形。衡量关于政治稳定及可能影响一国还债能力和/或引起外汇市场动荡的政治因素。如 2010 年也门政治危机，由于也门政治腐败严重以及对总统长期执政的不满，在突尼斯和埃及等阿拉伯国家民主运动的波及下，也门国内也爆发了反对政府的示威活动。

二、风险敞口主体及其所在国家

国别风险存在于授信、国际资本市场业务、设立境外机构、代理行往来和由境外服务提供商提供的外包服务等经营活动中。国别风险主体分为直接风险主体和最终风险主体。直接风险主体或最终风险主体在中国大陆以外国家和地区的各类业务经营活动均纳入国别风险敞口识别统计范围。

（一）直接风险主体

直接风险主体，通常指债务人或交易对手。国别风险转移以后的主体，为最终风险主体。主体所在国家（地区），对于个人，按照个人居住地，如果某个个人在多个国家（地区）有住所的，按其经常居住地确定国别。对于非个人，一般是指主体注册成立的国家（Place of Incorporation），但以下情况例外：

（1）当主体不是银行的法人企业的分公司时，所在国家为其总公司的注册地；

（2）当主体是银行的分行时，直接风险主体所在国家（地区）应当填列分行所在国家（地区），并按照担保转移，将最终风险主体所在国家视为其总行所在国家（地区）；

（3）当直接风险主体是空壳公司或特殊目的载体（SPV），比如注册在开曼群岛、维尔京群岛等离岸金融中心或其他金融中心的客户，则其所在地为从事实际经营活动的地区或其管理机构的所在地；

（4）对于飞机、船舶融资，若存在长期租约并可以明确指明还款的主要来源国家，一般应以还款来源国作为直接风险主体所在国家。若不存在长期租约或无法明确还款来源国家，则直接风险主体所在国家为飞机船舶的最终拥有人的所在国家。如果融资的偿还主要依靠质押于银行的租约项下的租金收入，则直接主体所在国家应为承租人所在国家；

（5）对于基金投资等不能明确界定直接风险主体所属国家的，按最能代表该资产的国家或区域确定；

（6）风险主体为国际组织的，所属国家统一认定为“国际组织”，不属于任何一个特定国家。

（二）最终风险主体

“风险转移”指风险主体由直接风险主体转移至最终风险主体，以及相应的国别风险所在国家（地区）由直接风险主体所在国家（地区）转移至最终风险主体所在国家（地区）的情况。最终风险主体即提供国别风险缓释的主体。如风险缓释工具只缓释信用风险，但并不转移国别风险的，不应列入风险转移。风险转移包括担保转移、保险转移、信用衍生品转移等。

没有发生转移的国别敞口，或者只有部分敞口风险转移，未转移的部分最终主体即为直接主体。当存在多种转移方式，以简洁、合理的方式确定风险转移，比如可按照转移后国别风险由低至高的顺序依次确定风险转移。

此外，对于某些结构复杂或特殊的交易，此时应按照合理、谨慎的原则确定直接主体、最终主体及其所属国家。

第三节

国别风险计量与评估

商业银行应当根据本机构国别风险类型、暴露规模和复杂程度选择适当的计量方法。计量方法应当至少满足以下要求：能够覆盖所有重大风险暴露和不同类型的风险；能够在单一和并表层面按国别计量风险；能够根据有风险转移及无风险转移情况分别计量国别风险。

在制定业务发展战略、审批授信、评估借款人还款能力以及设定国别风险限额时，应当充分考虑国别风险评估结果。

商业银行一般要建立与国别风险暴露规模和复杂程度相适应的国别风险评估体系，对已经开展和计划开展业务的国家或地区逐一进行风险评估。在评估国别风险时，商业银行应当充分考虑一个国家或地区经济、政治和社会状况的定性和定量因素。在特定国家或地区出现不稳定因素或可能发生危机的情况下，应当及时更新对该国家或地区的风险评估。计量条件允许的商业银行应当建立正式的国别风险内部评级体系，反映国别风险评估结果。

目前，国别风险评级机构和国际主要银行应用的国别风险评级模型有两种：一种是由定量和定性指标相结合的综合打分卡模型，通常除了政治、经济等主权评级模型中考虑到的因素外，另加入法律、税收、基础设施等运营环境模块，例如，Global Insight（环球透视）采用综合打分卡模型，其模块和权重分别为：政治 25%，经济 25%，法律 15%，税收 15%，运营（主要指基础设施）10%，安全 10%；另一种是基于主权评级模型基础上的国别评级模型，如国别风险信息服务商 EIU（英国经济学人信息部）就通过主权风险、货币风险、银行业风险评分模型结果简单平均得到国别风险评级。

国别风险评级模型的各模块和各指标权重，各机构相差较大，关键是要在合理的基础上采用一致和一贯的方法进行评级。

第四节

国别风险监测与报告

国别风险管理应建立与暴露规模相适应的监测机制，在单一和并表层面上按国别监测风险，监测信息应当妥善保存于国别风险评估档案中。在特定国家或地区状况恶化时，应当提高监测频率。必要时，商业银行应当监测特定国际金融中心、某一区域或某组具有类似特征国家的风险状况和趋势。

一、国别风险日常监测

商业银行可以充分利用内外部资源实施监测，包括要求本机构的境外机构提供国别风险状况报告，定期走访相关国家或地区，从评级机构或其他外部机构获取有关信息等。国别风险暴露较低的商业银行，可以主要利用外部资源开展国别风险监测。

（一）日常国别风险信息监测原则

日常国别风险信息监测应遵循完整性、独立性和及时性原则。完整性是指应该收集全部的风险信息，对所有的可能会产生负面影响、提高银行风险的信息都应该关注整理；独立性是指在处理收集的信息时，应保证独立性，不能因为主观或其他原因而使收集到的信息有失公允；及时性是指保证信息的时效性，保证在发生国别风险事件的第一时间收集信息，从而在第一时间做出预警措施。

（二）日常国别风险信息监测渠道

日常国别风险信息监测渠道包括：

1. 新闻平台

用于收集新闻媒体发布的地方、国家、全球新闻，包括影响世界经济政治的重大事件、某一国家的经济整体动态、经济政治的政策制定与调整等。如我国外交部、商务部、海关，彭博（Bloomberg），汤森路透（Thomson Reuters）等。新闻平台收集到的信息包括货币供应增加或紧缩、利率大幅变化、汇率大幅变化、国内通胀率、GDP 增长率、消费信心指数、贸易差额、短期资本流入、股市价格指数波动、某一国家零售营业额、政局稳定性和政治民主性、经济计划的成效、政治恐怖主义、官僚主义等。

2. 外部评级机构数据

收集世界范围内主要外部评级机构的信息，作为确定国别风险预警等级的外部参考信息。通过对此类信息的收集与使用，从外部审视应急预警严重程度，从而确定预警等级，并制定相应的措施与方案。外部评级机构数据主要来源于国际国别风险指南（International Country Risk Guide，ICRG）、穆迪投资者服务公司（Moody's Investor Services）、标准普尔信用评级集团（Standard and Poor's Rating Group）、经济学家情报中心（Economist In－telligence Unit）、欧洲货币（Euro Money）等。通过外部评级机构可以收集到的数据信息包括外部评级降级、国家违约、信用违约掉期报价大幅上升等。

3. 银行内部信息

由银行内部员工发现，显示银行内部发生严重风险的信息，包括某一地区或国家内的全部分行支行发生严重的损失，某一全球性公司在某一国家或区域内发生严重的违约等。此类信息可能还没有被公众发现也没有被媒体报道。此类信息由国别风险相关的部门发现并收集，或由地方分支机构、海外分支机构收集。

此外，根据国务院银行业监督管理机构规定，具备条件的银行可以建立国别风险压力测试方法和程序，定期测试不同假设情景对国别风险状况的潜在影响，以识别早期潜在风险，并评估业务发展策略与战略目标的一致性。

二、国别风险报告

商业银行应当定期、及时向董事会和高级管理层报告国别风险情况，包括但不限于国别风险暴露、风险评估和评级、风险限额遵守情况、超限额业务处理情况、压力测试、准备金计提水平等。不同层次和种类的报告应当遵循规定的发送范围、程序和频率。重大风险暴露和高风险国家暴露应当至少每季度向董事会报告。在风险暴露可能威胁到银行盈利、资本和声誉的情况下，商业银行应当及时向董事会和高级管理层报告。

第五节

国别风险控制与缓释

国别风险控制的基本内容是将任一国别的风险敞口控制在其限额内，并遵循集中度限额，并密切监测国别风险状况，动态调整国别限额，必要时采取风险缓释和应急处置措施。

一、国别风险限额和集中度管理

对国别风险应实行限额管理，在综合考虑跨境业务发展战略、国别风险评级和自身风险偏好等因素的基础上，按区域、风险类别、国别等维度合理设定覆盖表内外项目的国别风险限额。

有重大国别风险暴露的商业银行，一般会考虑在总限额下按业务类型、交易对手类型、国别风险类型和期限等设定分类限额。通常，对高和较高国别风险敞口、单一国别最大敞口、前十大国别敞口等可设置集中度限额。

通常，国别限额类型有敞口限额和经济资本限额。敞口限额的设定旨在控制某国家或地区敞口的持有量，以防止头寸过分集中于某一国家或地区。国别风险敞口限额考虑风险转移后的最终风险敞口，即净敞口限额。经济资本限额的设定旨在合适地分配及控制某国或地区所使用的经济资本，以防某一国家或地区占用过高的经济资本，超出银行可以承受的范围。

国别限额可依据国别风险、业务机会和国家（地区）重要性三个因素确定。其中业务机会表示商业银行在某国可能的业务量相对大小，国家（地区）重要性是指商业银行在该国业务对银行整体发展战略、经营收益的相对重要性。业务机会与国家（地区）经济规模以及与中国的双边经贸往来有关，国家（地区）重要性与商业银行发展战略有关，两者均不考虑国家（地区）风险。

（1）国别风险：国别风险是国别限额设定的重要依据，国别风险越高，限额越低。

（2）业务机会：设定国别限额与各国的业务机会大小有关，同等国别风险下，业务机会越大，限额也相应增加。商业银行在各国的业务机会是不同的，可以根据各国 GDP 规模、与我国双边贸易额及我国对该国的直接投资额等代表因素来判定其业务机会。

（3）国家（地区）重要性：各国和地区对商业银行国际化战略、市场布局、利润增长、国际影响等方面的重要性。

国别风险限额应当经董事会或其授权委员会批准，并传达到相关部门和人员；至少每年对国别风险限额进行审查和批准，在特定国家或地区风险状况发生显著变化的情况下，提高审查和批准频率；需要建立国别风险限额监测、超限报告和审批程序，至少每月监测国别风险限额遵守情况，持有较多交易资产的机构应当提高监测频率。超限额情况应当及时向相应级别的管理层或董事会报告，以获得批准或采取纠正措施。

二、国别风险缓释方法和工具

为有效规避和缓释业务所涉国别风险，应做到：

1. “了解你的客户”及所在国家（地区）风险；

2. 严守集中度限额，减少对高和较高风险国家的业务；

3. 通过投保国别风险保险来转移风险。投保人通过支付一定的保费将所承担的国别风险转移给承保人。承保机构有各国政府开办或代表政府的出口信用机构以及国际多边担保机构、其他商业性保险公司，如中国出口信用保险公司的政治险和商业险；

4. 增加风险较低的第三国母公司或银行的担保或承兑；

5. 对贷款采取结构性的安排；

6. 以银团贷款方式分散风险；

7. 吸引世界银行、亚洲开发银行等有政治影响力的多边金融机构参与项目；

8. 合同中增加保护条款，一旦触发，未提款的合约不再提款，已提款的合约需提前还款；

9. 项目收入币种与贷款币种存在错配时，除了通常的套期保值方式外，可对资金的筹措、发放、收回约定币种；

10. 建立国别风险黑名单，对黑名单国家实行禁入或经批准才可准入。

三、国别风险预警和应急处置

（一）建立国别风险预警机构

商业银行应成立各级预警领导组织和机构，强化集中管理、高效指挥协调、提高全行预警意识。总行、分行、区域支行和各海外分支机构等，均应该设置风险预警团队，明确各级别的应急处理权限和流程，对突发的国别风险事件进行及时有效的控制。

（二）完善风险信息监控

风险信息与数据是国别风险预警的基础和起点，只有保证信息数据的正确性、完整性和及时性，才能确保应急预警体系的有效性。拓宽信息渠道，搜集来自新闻媒体、内部和其他外部信息，并实时更新数据，确保将全部的风险线索纳入应急预警系统中。

（三）健全预警信息传递机制

建立合理有效的信息传递机制，保证信息平台收集到的全部信息都完整、快速、有效地传递给了相关人员，并进行了合理的分类，从而用于预警等级的确定。有效的信息传递机制，可以保证预警系统迅速对国别风险事件做出反应，控制风险。

（四）准确把握预警等级

预警等级应有完整严格的书面制度，保证出现国别风险信息能严格按照制度进行等级的分类。全面考虑突发事件的影响、国际政治经济环境和风险事件国家自身的实力与政策，从定性和定量角度出发，设定预警等级分类标准，并据此确定应急预警等级。预警等级的准确确定将影响汇报对象的选择并影响应急预案的制定。

（五）加强风险预测

增加应急预警系统风险防范的主动性、前瞻性、有效性。在系统运行过程中，根据经验与实际运行结果，本着预防为主、控制为辅，加强事前预测、减少事后管理的原则，对应急预警体系开展更新和调整，增强风险预测能力。

（六）应急处置方案

应急处置方案应针对不同的预警等级，由不同层级机构或部门负责处置。方案与措施应保证其时效性和合理性，综合考虑所面临的突发事件风险、银行综合实力和可接受的损失程度等，并根据银行不同层面明确其不同的工作内容。

复习思考题

1. 简述国别风险的主要类型。
2. 哪些事件或指标变动就可以认为发生了国别风险？
3. 国别风险信息监测渠道主要有哪些？
4. 简述如何预警和应急处置国别风险。

第十二章　授权管理

第一节

授权管理的基本定义

授权是指商业银行对其所属业务职能部门、分支机构和关键业务岗位开展业务权限的具体规定。商业银行对其业务职能部门和分支机构授权，应遵循以下原则：

1. 应在法定经营范围内，对其业务职能部门和分支机构实行逐级有限授权；

2. 应根据各业务职能部门和分支机构的经营管理水平、风险控制能力、主要负责人业绩等，实行区别授权；

3. 应根据各业务职能部门和分支机构的经营管理业绩、风险状况、授权制度执行情况及主要负责人任职情况，及时调整授权；

4. 业务职能部门和分支机构超越授权，应视越权行为性质和所造成的经济损失，追究主要负责人及直接责任人相应的责任。要实现权责一致。主要负责人离开现职时，必须要有上级部门做出的离任审计报告。

商业银行总行应根据上述授权原则，建立对业务职能部门、分支机构和各地区及客户进行综合考核的指标体系，根据其有关指标考核情况，及时调整授权。

第二节

授权管理的方式与范围

一、授权方式

（一）授权的分类

商业银行授权分为基本授权和特别授权两种方式。基本授权是指对法定经营范围内的常规业务经营所规定的权限。特别授权是指对法定经营范围内的特殊业务，包括创新业务、特殊融资项目以及超过基本授权范围的业务所规定的权限。

商业银行的授权分为直接授权和转授权两个层次。直接授权是指商业银行总行对总行有关业务职能部门和管辖分行的授权。转授权是指管辖分行在总行授权权限内对本行有关业务职能处室（部门）和所辖分支行的授权。

（二）授权书

商业银行的授权，应有书面形式的授权书和授信书。授权人与受权人应当在授权书上签字和盖章。商业银行的授权书应报银行业监管部门备案。涉及外汇业务的授权书，应报外汇管理局同级管辖局备案，转授权还应同时报商业银行总行备案。授权书（转授权书）应包括以下内容：

1. 授权人全称和法定代表人姓名；
2. 受权人全称和主要负责人姓名；
3. 授权范围；
4. 授权期限；
5. 对限制越权的规定及授权人认为需要规定的其他内容。

商业银行业务职能部门和各级分支机构与客户签订业务合同时，须向其出示授权书，双方应按授权书和授信书规定的授权范围签订合同。

二、授权范围

（一）基本授权的范围

1. 营运资金的经营权限；

2. 同业资金融通权限；

3. 单笔贷款（贴现）及贷款总额审批权限；

4. 对单个客户的贷款（贴现）额度审批权限；

5. 单笔承兑和承兑总额审批权限；

6. 单笔担保和担保总额审批权限；

7. 签发单笔信用证和签发信用证总额审批权限；

8. 现金支付审批权限；

9. 证券买卖权限；

10. 外汇买卖权限；

11. 信用卡业务审批权限；

12. 辖区内资金调度权限；

13. 利率浮动权限；

14. 经济纠纷处理权限；

15. 其他业务权限。

（二）特别授权的范围

1. 业务创新权限；

2. 特殊项目融资权限；

3. 超出基本授权的权限。

三、授权的期限、调整与终止

商业银行授权的有效期为一年。如发生下列情况之一，授权人应调整以至撤销授权（适用于转授权）：

1. 受权人发生重大越权行为；

2. 受权人失职造成重大经营风险；

3. 经营环境发生重大变化；

4. 内部机构和管理制度发生重大调整；

5. 其他不可预料的情况。

如发生下列情况之一，原授权应终止：

1. 实行新的授权制度或办法；

2. 受权权限被撤销；

3. 受权人发生分立、合并或被撤销；

4. 授权期限已满。

在授权有效期内，商业银行对授权进行调整或授权、授信终止，应及时报银行业监管部门备案，同时将新的授权书报银行业监管部门备案。涉及外汇业务授权的调整或终止时，应同时报外汇管理局同级机构备案。商业银行法定代表人变更或任免分支机构主要负责人时，如果授权范围等内容不变，原授权书及转授权书继续有效。

复习思考题

1. 商业银行对其业务职能部门和分支机构授权应遵循哪些原则？

2. 商业银行授权分为哪两种方式？

第十三章　外包风险管理

第一节

外包与外包管理

一、外包的定义与范围

（一）外包的定义

外包是指商业银行将原来由自身负责处理的某些业务活动委托给服务提供商进行持续处理的行为。服务提供商包括独立第三方，商业银行母公司或其所属集团设立子公司、关联公司或附属机构。外包不能消灭风险，但通过将该业务的管理置于经验和技能更丰富的第三方手中，可以降低商业银行原有风险。

（二）外包的范围

商业银行应根据审慎经营原则制定其外包战略发展规划，确定与其风险管理水平相适宜的外包活动范围，尤其是重要业务的外包活动范围。

商业银行在确定某项外包业务是否为重要业务时，应评估以下因素：是否涵盖商业银行大部分的信息技术、财务会计、信贷处理及客户信息等业务事项；业务一旦中断是否对商业银行的业务经营、声誉或利润等产生重大影响。在无法确定某项即将被外包的业务是否为重要业务时，可向商业银行所在地监管机构进行咨询。重要业务可参考但不限于下述业务事项：

1. 业务操作环节：贸易融资及与结算有关的单据处理和系统操作等服务、授信业务的贷前调查和贷后催收、信用卡营销与催收、电子银行客户服务等；

2. 数据处理：联行对账、会计业务的影像处理及数据录入、客户数据录入及维护、数据查询等；

3. 信息技术：业务操作系统软件的开发和维护、网络安全设计建设、网络银行应用系统设计开发和IT重要基础设备服务等；

4. 需特别注意的是，涉及战略管理和风险管理职能的业务不宜外包，涉及内部审计职能的业务不宜外包给独立第三方。

二、外包管理的组织架构与职责

商业银行外包管理的组织架构包括董事会、高级管理层及外包管理团队。其中，董事会和高级管理层承担外包活动的最终责任。在华外国银行分行进行外包活动时，由管理层承担相应职责。

（一）董事会的职责

董事会负责审议批准外包的战略发展规划；审议批准外包的风险管理策略；批准所有重要业务的外包安排；定期审阅本机构外包安排的有关报告；定期安排内部审计，确保审计范围涵盖所有的外包安排。

（二）高级管理层的职责

高级管理层负责制定外包战略发展规划，经董事会批准后实施；制定外包风险管理的政策、操作流程和内控制度，经董事会批准后实施；确保重要业务的外包安排在执行前及时向董事会及监管机构报告；明确外包管理团队职责，并对其行为进行有效监督。

（三）外包管理团队的职责

外包管理团队负责执行外包风险管理的政策、操作流程和内控制度；负责外包活动的日常管理，包括尽职调查、合同执行情况的监督及风险状况的监督；向高级管理层提出有关外包活动发展和风险管控的意见和建议。

三、部分审计活动的外包

商业银行不得将内部审计职能外包，但可将有限的、特定的内部审计活动外包给第三方，以缓解内部审计资源压力并提升内部审计工作的全面性。商业银行董事会应对内部审计活动外包承担最终责任。商业银行内部审计活动外包应符合本银行内部审计章程的有关要求。

商业银行不得将内部审计活动外包给正在为本银行提供外部审计服务的会计师事务所及其关联机构。商业银行不得将内部审计活动外包给近三年内为审计对象提供过与该项审计外包业务相关咨询服务的第三方及其关联机构。

商业银行应建立内部审计活动外包制度，明确外包提供商的资质标准、准入与退出条件、外包流程及质量控制标准等。商业银行在实施内部审计活动外包时，本银行内部审计人员应参与并监督项目实施，并负责向总审计师报告外包活动的有关情况。

商业银行总审计师应建立相应的外包审计项目知识转移机制，确保内部审计人员能最大限度地获取专业技能，提升内部审计部门的专业能力。

第二节

外包风险管理

一、外包风险管理的主要内容

商业银行开展外包活动应制定外包的风险管理框架以及相关制度，并将其纳入全面风险管理体系，建立严格的客户信息保密制度，并做好以下工作：

（一）外包风险评估

商业银行应关注外包活动的战略风险、法律风险、声誉风险、合规风险、操作风险、国别风险等风险。商业银行重要业务的外包必须经过和得到董事会的审核批准。

商业银行董事会在核准外包业务时，应评价或评估以下事项：

1. 可能影响服务提供商进行外包业务能力的实际因素；

2. 评价服务提供商的财务实力、技术能力以及业务存量与流量；

3. 评估服务提供商的风险控制、业绩标准、业务策略、管理程序、监督过程等方面；

4. 判断服务提供商与银行竞争对手是否存在外包安排；

5. 评估重要业务的业务连续性。

（二）尽职调查

商业银行在进行外包活动时还应当对服务提供商进行尽职调查，尽职调查应当包括管理能力和行业地位、财务稳健性、经营声誉和企业文化、技术实力和服务质量、突发事件应对能力、对银行业的熟悉程度、对其他商业银行提供服务的情况和商业银行认为重要的其他事项。

外包活动涉及多个服务提供商时，应当对这些服务提供商进行关联关系的调查。

（三）外包协议管理

商业银行开展外包活动时应当签订书面合同或协议，明确双方的权利义务。合同或协议应当包括但不限于以下内容：外包服务的范围和标准；外包服务的保密性和安全性的安排；外包服务的业务连续性的安排；外包服务的审计和检查；外包争端的解决机制；未履行责任的赔偿、补救和追索权。对于具有专业技术性的外包活动，可签订服务标准协议。

（四）分包或转包风险管理

分包或转包指服务提供商就一项其外包的经营活动与第三方签约，将这项业务的一部分进一步外包给第三方。商业银行董事会和高级管理层应承担分包或转包的最终责任。

商业银行在服务提供商分包或转包时，应当关注外包服务提供商分包的风险，并在合同中明确以下事项：外包合同或外包协议中应明确设立服务提供商分包或转包的规则或限制；分包服务提供商应当严格遵守主服务提供商与商业银行确定的外包合同或协议中的所有条款，包括安全和机密标准与相关条款；主服务商应当确认在业务分包后继续保证其对服务水平和系统控制负总责；不得将外包活动的主要业务分包或转包。

（五）跨境外包管理

商业银行在开展跨境外包活动时，应遵守以下原则：

1. 审慎评估境外国家的经济与政治环境、技术风险以及境外权限的法律和管制风险；

2. 确保国家秘密、商业秘密和客户信息的安全。

选择境外服务提供商时，应当明确其所在国家或地区监管当局已与我国银行业监督管理机构签订谅解备忘录或双方认可的其他约定。

（六）其他事项

商业银行应当事先制定和建立外包突发事件应急预案和机制。通过采取替代方案、寻求合同项下的保险安排等措施期对外包活动进行全面审计与评价。

二、外包活动的监督管理

国务院银行业监督管理机构及其派出机构根据需要对外包活动进行现场检查，采集外包活动过程中数据信息和相关资料，并将检查结果纳入对该机构的监管评级。

商业银行在开展外包活动时，应当定期向所在地银行业监督管理机构递交外包活动的评估报告，如遇到对本机构的业务经营、客户信息安全、声誉等产生重大影响事件，应当及时向所在地银行业监督管理机构报告。

商业银行外包活动存在以下情形的，银行业监督管理机构可以要求商业银行纠正或采取替代方案，并视情况予以问责。主要情形包括：违反相关法律、行政法规及规章；违反本机构风险管理政策、内控制度及操作流程等；存在重大风险隐患；其他认定的情形。

复习思考题

1. 简述商业银行外包业务的范围。
2. 商业银行在开展跨境外包活动时应遵守哪些原则？

第十四章　内部审计管理

第一节

内部审计概述

一、内部审计的内涵

（一）内部审计的定义

根据《商业银行内部审计指引》的规定，内部审计是商业银行内部独立、客观的监督、评价和咨询活动，通过运用系统化和规范化的方法，审查评价并督促改善商业银行业务经营、风险管理、内控合规和公司治理效果，促进商业银行稳健运行和价值提升。

由上述定义可以看出：独立性和客观性是内部审计的基本属性；商业银行内部审计的职能是监督、评价和咨询；商业银行内部审计所运用的方法是系统化和规范化的；内部审计事项包括银行的业务经营、风险管理、内控合规和公司治理；内部审计的目的是促进银行稳健运行和价值提升。

（二）内部审计的基本属性

商业银行内部审计工作应独立于业务经营、风险管理和内控合规，并对上述职能履行的有效性实施评价。内部审计活动应遵循独立性、客观性原则，不断提升内部审计人员的专业能力和职业操守。也就是说，内部审计部门必须保持其独立性，内部审计师必须客观地开展工作。独立性和客观性是审计服务内在价值的根本，独立性被看作审计职能（一般是指组织上）的一种属性，而客观性则是内部审计师的属性。

1. 独立性

独立性是指内部审计活动独立于他们所审查的活动之外。衡量是否独立的标准是内部审计活动的开展是否受到干扰。独立性可以理解为内部审计部门的独立性和内部审计人员的独立性。组织上的独立性是指内部审计部门在一个特定的组织中，享有经费、人事、内部管理、业务开展等方面的相对独立性，不受来自管理层和其他方面的干扰和阻挠，独立地开展内部审计活动。人员的独立性是指内部审计人员在审计活动中不受任何来自外界的干扰，独立自主地开展审计工作。独立性是内部审计应有的特质之一，也是对内部审计工作的内在要求。

2. 客观性

客观性是指一种公正的、不偏不倚的态度，也是内部审计人员在进行审计工作时必须保持的一种精神状态。客观性要求内部审计人员在进行审计工作时，对他们的工作成果抱有诚实的信条，不与任何方面达成重大的质量妥协，不得将内部审计置于他们感觉无法做出客观的专业判断的处境中。客观性还要求内部审计人员不能把对其他事物的判断凌驾于对审计事物的判断之上。

二、内部审计的目标

商业银行内部审计目标包括：推动国家有关经济金融法律法规和监管规则的有效落实；促进商业银行建立并持续完善有效的风险管理、内控合规和公司治理架构；督促相关审计对象有效履职，共同实现本银行战略目标。

第二节

内部审计的组织与管理

一、内部审计的组织架构

（一）内部审计体系的构建

商业银行应建立独立垂直的内部审计体系，董事会应下设审计委员会，并设立独立的内部审计部门。

1. 董事会的职责

董事会对内部审计的独立性和有效性承担最终责任。董事会应根据本银行业务规模和复杂程度配备充足、稳定的内部审计人员；提供充足的经费并列入财务预算；负责批准内部审计章程、中长期审计规划和年度审计计划等；为独立、客观开展内部审计工作提供必要保障；对内部审计工作的独立性和有效性进行考核，并对内部审计质量进行评价。

2. 审计委员会的设立

董事会应下设审计委员会。审计委员会成员不少于3人，多数成员应为独立董事。审计委员会成员应具有财务、审计和会计等专业知识和工作经验。审计委员会负责人原则上应由独立董事担任。

审计委员会对董事会负责，经其授权审核内部审计章程等重要制度和报告，审批中长期审计规划和年度审计计划，指导、考核和评价内部审计工作。

3. 监事会的职责

监事会对本银行内部审计工作进行监督，有权要求董事会和高级管理层提供审计方面的相关信息。

4. 高级管理层的职责

高级管理层应支持内部审计部门独立履行职责，确保内部审计资源充足到位；及时向审计委员会报告业务发展、产品创新、操作流程、风险管理、内控合规的最新发展和变化；根据内部审计发现的问题和审计建议及时采取有效整改措施。

5. 总审计师的职责

商业银行可设立总审计师或首席审计官（以下统称“总审计师”）一名。总审计师由董事会负责聘任和解聘。商业银行应及时向银行业监督管理机构报告总审计师的聘任和解聘情况。总审计师对董事会及其审计委员会负责，定期向董事会及其审计委员会和监事会报告工作，并通报高级管理层。总审计师负责组织制定并实施内部审计章程、审计工作流程、作业标准、职业道德规范等内部审计制度，组织实施中长期审计规划和年度审计计划，并对内部审计的整体质量负责。商业银行未设立总审计师的，由内部审计部门负责人承担总审计师的职责。

6. 内部审计部门的职责

商业银行应设立独立的内部审计部门，审查评价并督促改善商业银行经营活动、风险管理、内控合规和公司治理效果，编制并落实中长期审计规划和年度审计计划，开展后续审计，评价整改情况，对审计项目的质量负责。内部审计部门向总审计师负责并报告工作。

（二）内部审计人员的基本要求

商业银行应配备充足的内部审计人员，原则上不得少于员工总数的1%。内部审计人员应当具备履行内部审计职责所需的专业知识、职业技能和实践经验，掌握银行业务的最新发展，并通过后续教育和职业实践等途径，学习和掌握相关法律法规、专业知识、技术方法和审计实务的发展变化，保持和提升专业胜任能力。

内部审计人员在从事内部审计活动时，应遵循客观、保密原则，秉持诚信正直的道德操守，按规定使用其在履行职责时所获取的信息。内部审计人员不得参与有利益关系的审计项目，不得利用职权谋取私利，不得隐瞒审计发现的问题，不做缺少证据支持的判断，不做误导性陈述。

以中国工商银行为例，其设立了独立、垂直的内部审计部门，包括内部审计局及其派出的10个内部审计分局。内部审计部门向董事会负责并报告工作，接受监事会的指导，接受审计委员会的检查、监督和评价。其中，内部审计局统一组织、协调、管理和报告全行内部审计工作；内部审计分局根据内部审计局的授权，负责针对每个分行组建专门团队，具体实施分行审计服务工作，并向内部审计局负责及报告工作。

每个审计服务工作团队由团队负责人、实施负责人、团队联系人、业务分析人员、信息系统支持人员组成。团队负责人由分局专家以上人员担任，实施负责人由分局高级经理以上人员担任，信息系统支持人员由分局IT人员担任。团队中业务分析人员的配备数量与专业结构，根据人员专业特长、分行业务规模和特点以及审计覆盖面要求等因素统筹安排，确保1—2名业务分析骨干在日常审计服务中有相对稳定的工作时间，合理分配现场审计与非现场审计资源比重。

二、内部审计的章程、职责与权限

（一）内部审计章程

商业银行应制定内部审计章程。内部审计章程应至少包括以下事项：

1. 内部审计目标和范围；
2. 内部审计地位、权限和职责；

3. 内部审计部门的报告路径以及与高级管理层的沟通机制；
4. 总审计师的责任和义务；
5. 内部审计与风险管理、内部控制的关系；
6. 内部审计活动外包的标准和原则；
7. 内部审计与外部审计的关系；
8. 对重点业务条线及风险领域的审计频率及后续整改要求；
9. 内部审计人员职业准入与退出标准、后续教育制度和人员交流机制；
10. 内部审计章程应由董事会批准并报监管部门备案。

（二）内部审计事项

商业银行的内部审计事项应包括：
1. 公司治理的健全性和有效性；
2. 经营管理的合规性和有效性；
3. 内部控制的适当性和有效性；
4. 风险管理的全面性和有效性；
5. 会计记录及财务报告的完整性和准确性；
6. 信息系统的持续性、可靠性和安全性；
7. 机构运营、绩效考评、薪酬管理和高级管理人员履职情况；
8. 监管部门监督检查发现问题的整改情况以及监管部门指定项目的审计工作；
9. 其他需要进行审计的事项。

（三）内部审计部门的职责与权限

内部审计部门有权获取与审计有关的信息，列席或参加与内部审计职责有关的会议，参加相关业务培训。内部审计部门有权检查各类经营机构（含分支机构和附属机构）的各项业务和管理活动（含外包业务），及时、全面获取经营管理相关信息，并就有关问题向审计对象和行内相关人员进行调查、质询和取证。

内部审计部门有权向董事会、高级管理层和相关部门提出处理和处罚建议。内部审计部门可就风险管理、内部控制等事项提供专业建议，但不得直接参与或负责内部控制设计和经营管理的决策与执行。

第三节

内部审计的工作流程

一、审计规划和审计计划

内部审计部门应根据商业银行的内部审计章程、业务性质、风险状况、管理需求及审计资源的配置情况，确定审计范围、审计重点、审计频率，编制中长期审计规划和年度审计计划，并报审计委员会批准。

商业银行的年度内部审计计划应充分考虑监管关注事项，包括但不限于：全面风险管理、资本充足、流动性、内控合规、财务报告等。

内部审计部门应根据年度审计计划，选派合格、胜任的审计人员组成审计组，收集和研究相关背景资料，了解审计对象的风险概况及内部控制，编制项目审计方案，组织审计前培训并在实施审计前向审计对象下发审计通知书。特殊情况下，审计通知书可以在实施审计时送达。

二、审计项目的准备与实施

内部审计人员应根据项目审计方案，综合运用审核、观察、访谈、调查、函证、鉴定、调节和分析等方法，获取审计证据，并将审计过程和结论记录于审计工作底稿。

内部审计采取现场审计与非现场审计相结合的方式，并通过加强非现场审计系统建设，增强内部审计的广度与深度。

内部审计部门应加强信息科技在审计工作中的运用，不断完善内部审计管理信息系统。在审计过程中，内部审计人员应做好与审计对象的沟通交流。

内部审计部门应建立健全内部审计档案管理制度，妥善保管内部审计档案资料。

商业银行应建立健全内部审计质量控制制度和程序，定期实施内部审计质量自我评价，并接受内部审计质量外部评估。

三、内部审计报告

内部审计人员在实施必要的审计程序后，应征求审计对象意见并及时完成审计报告。

审计报告应包括审计目标和范围、审计依据、审计发现、审计结论、审计建议等内容。

内部审计人员应将审计报告发送至审计对象，并上报审计委员会及董事会，同时根据内部审计章程的规定与高级管理层及时沟通审计发现。

商业银行应建立异议解决机制。对审计对象提出异议的审计结论，应及时进行沟通确认，根据内部审计章程的规定，将沟通结果和审计结论报送至相关上级机构并归档保存。

四、内部审计结果运用

商业银行董事会及高级管理层应采取有效措施，确保内部审计结果得到充分利用，整改措施得到及时落实；对未按要求整改的，应追究相关人员责任。

内部审计部门应跟进审计发现问题的整改情况。必要时可开展后续审计，评价审计发现问题的整改进度及有效性。

第四节 内部审计的考核与监管评估

一、内部审计的考核与问责

商业银行董事会应针对内部审计部门建立科学的激励约束机制，并对总审计师的履职尽责情况进行考核评价，内部审计部门定期对内部审计人员的专业胜任能力进行评价。内部审计人员的薪酬水平应不低于本机构其他部门同职级人员平均水平。

商业银行应建立内部审计责任制，明确规定内部审计人员履职尽责要求以及问责程序。经责任认定，内部审计部门和审计人员已勤勉尽职的，可减轻或免除其责任。

内部审计结果和整改情况应作为审计对象绩效考评的重要依据。

审计对象应积极配合内部审计工作。对于拒绝、妨碍内部审计工作及整改不力的行为，商业银行应及时制止，并追究相关责任人的责任。

二、内部审计的监管评估

商业银行内部审计部门应建立与银行业监督管理机构的正式沟通机制，定期讨论银行面临的主要风险、已经采取的风险化解措施以及整改情况。双方沟通的频率应与银行的规模、风险偏好和业务复杂性相匹配。

商业银行内部审计部门应向监管部门提交以下报告：

1. 内部审计计划；
2. 重要审计发现及其整改情况；
3. 向董事会提交的全面审计工作报告；
4. 外部机构对银行的审计报告；
5. 监管部门监督检查发现问题的整改报告；
6. 内部审计质量自我评价报告；
7. 银行业监督管理机构要求的其他报告。

银行业监督管理机构可要求商业银行内部审计部门完成指定项目的审计工作，并将审计结果报送监管部门。

银行业监督管理机构通过非现场监管、现场检查、监管会谈等方式，对商业银行内部审计的有效性进行评估。评估内容包括：

1. 内部审计章程；
2. 内部审计的范围、频率和效果；
3. 确保内部审计职能充分发挥作用的公司治理机制；
4. 银行集团内部审计的有效性；
5. 内部审计人员的专业胜任能力；
6. 内部审计人员的薪酬机制；
7. 内部审计活动外包情况；
8. 内部审计报告及审计建议的整改落实情况；
9. 内部审计问责情况；
10. 其他事项。

银行业监督管理机构有权根据评估结果对商业银行内部审计工作提出监管意见，要求其限期整改并提交整改报告。内部审计有效性和整改情况应纳入公司治理和内部控制整体有效性评估和监管评级。

复习思考题

1. 简述商业银行内部审计的基本属性。
2. 简述商业银行的内部审计事项。

第十五章　外部审计管理

第一节
外部审计概述

一、外部审计的定义

外部审计是指外部审计机构对银行业金融机构的年度财务报告进行的审计。外部审计机构是指接受银行业金融机构委托对其进行外部审计的会计师事务所，简称外审机构。

二、外部审计的必要性

虽然每个商业银行一般都有内部审计部门，可以利用内部审计工作来监控银行各项工作的风险点，并及时采取应对措施，但是，外部审计对于商业银行依然必不可少，特别是对于已经实现上市的商业银行，有着非常重要的作用。

（一）外部审计的独立性可以弥补内部审计的不足

由于外部审计单位——会计师事务所独立于商业银行，因此，与银行自己的内部审计部门相比，外部审计机构具有更高的独立性，其出具的审计结论更具有价值，它更能向公众传达商业银行的真实商业信息。同时，外部审计也可以选择性地利用商业银行内部审计结果，从内部审计开展情况出发，使用特定的审计工具进一步深入挖掘问题或风险的根本原因，并扩大内部审计结果的使用范围，可以发挥内部审计的运用，弥补银行内审的不足。同时，它还可以发挥外部审计对银行业监管的补充作用，促进银行业金融机构稳健经营。

（二）外部审计可以规范银行行为，完善银行治理情况

对商业银行进行外部审计，可以全面性地审查银行业务流程的合规性。由于外部审计结果会向社会公开发布，为了保证银行的经营形象，吸引投资者和客户，商业银行会特别关注外部审计工作组的进驻审计，甚至会害怕外部审计中发现严重影响银行形象或者难以整改的问题。因此，为了保证外部审计工作结论的可使用性，商业银行会规范自身业务流程，确保经营合规性。同时，外部审计中发现的问题也能督促商业银行不断完善自身经营的合规性和合法性，完善银行的治理。

第二节

外部审计的委托管理

一、外审机构的评估

商业银行应当委托具有独立性、专业胜任能力和声誉良好的外审机构从事审计业务。对合格外审机构的评估包括但不限于以下因素：

1. 在形式和实质上均保持独立性；

2. 具有与委托银行业金融机构资产规模、业务复杂程度等相匹配的规模、资源和风险承受能力；

3. 拥有足够数量的具有银行业金融机构审计经验的注册会计师，具备审计银行业金融机构的专业胜任能力；

4. 熟悉金融法规、银行业金融机构业务及流程、内部控制制度以及各种风险管理政策；

5. 具有完善的内部管理制度和健全的质量控制体系；

6. 具有良好的职业声誉，无重大不良记录。

外审机构存在下列情况之一的，银行业金融机构不宜委托其从事外部审计业务：

1. 专业胜任能力、从事银行业金融机构审计的经验、风险承受能力明显不足的；
2. 存在欺诈和舞弊行为，在执业经历中受过行政处罚、刑事处罚且未满三年的；
3. 与被审计机构存在关联关系，可能影响审计独立性的。

二、与外审机构的沟通

银行业监管机构、银行业金融机构、外审机构应当适时举行双方或三方会谈，及时交流有关信息。外审机构根据审计准则向银行业监管机构报告银行业金融机构以下情况的，银行业金融机构不得阻挠：

1. 严重违反法律法规、行业规范或章程；
2. 影响持续经营的事项或情况；
3. 出具非标准审计报告；
4. 管理层有重大舞弊行为；
5. 决策机构内部发生严重冲突或关键职能部门负责人突然离职。

银行业监管机构应当鼓励外审机构依法根据审计准则开展外部审计，并纠正银行业金融机构对外部审计质量存在严重负面影响的行为。

三、终止审计委托

商业银行发现外审机构存在下列情形之一的，应予以特别关注，并可以终止委托其审计工作：

1. 未履行诚信、勤勉、保密义务，并造成严重不良后果的；
2. 将所承担的审计业务分包或转包给其他机构的；
3. 审计人员和时间安排难以保障银行业金融机构按期披露年度报告的；
4. 审计报告被证实存在严重质量问题的。

银行业监管机构发现外审机构存在下列问题时，可以要求商业银行立即评估委托该外审机构的适当性：

1. 审计结果严重失实的；
2. 存在严重舞弊行为的；
3. 严重违背中国注册会计师审计准则，存在应发现而未发现的重大问题的。

对因上述原因被终止委托的外审机构，银行业金融机构两年内不得委托其从事审计业务。商业银行或外审机构单方要求终止审计委托时，商业银行应当及时报告银行业监管机构。

第三节

外部审计的质量控制

一、审计结果的运用

银行业金融机构应当在收到外审机构出具的审计报告和管理建议书后及时将副本报送银行业监管机构。银行业监管机构应当建立银行业金融机构外部审计结果、整改建议等审计信息系统，充分利用外部审计相关信息。银行业金融机构应当重视并积极整改外部审计发现的问题，并将整改结果报送银行业监管机构。

二、审计质量控制

银行业金融机构应当了解外部审计程序及质量控制体系，配合外审机构开展审计工作，为外审机构实施适当的审计程序提供便利。

银行业金融机构应当与外审机构充分沟通，了解审计进展情况，及时将审计过程中出现的重大事项报告银行业监管机构。银行业金融机构应当对外审机构的审计报告质量及审计业务约定书的履行情况进行评估。

银行业监管机构可以对外审机构的审计报告质量进行评估，并对存在重大疑问的事项要求银行业金融机构委托其他外审机构进行专项审计。

外审机构同一签字注册会计师对同一家银行业金融机构进行外部审计的服务年限不得超过五年；超过五年的，银行业金融机构应当要求外审机构更换签字注册会计师。银行业金融机构不宜委托负责其外部审计的外审机构提供咨询服务。

外商独资银行、中外合资银行和在中国境内设立两家及两家以上分行的外国银行，应当在每个会计年度结束后聘请在中国境内依法设立的会计师事务所对该机构在中国境内所有营业性机构进行并表或者合并审计，并在会计年度结束后四个月内将审计报告和管理建议书报送银保监会或外商独资银行、中外合资银行总行或者管理行所在地银保监会派出机构。

外国银行分行应当在每个会计年度结束后聘请在中国境内依法设立的会计师事务所进行审计，并在会计年度结束后四个月内将审计报告和管理建议书报送所在地银保监会派出机构。

外资银行营业性机构聘请在中国境内依法设立的会计师事务所进行年度或者其他项目审计一个月前，应当将会计师事务所及其参加审计的注册会计师的基本资料报送银保监会或所在地银保监会派出机构。

外商独资银行、中外合资银行的年度审计应当包括以下内容：资本充足情况、资产质量、公司治理情况、内部控制情况、盈利情况、流动性和市场风险管理情况等。

外国银行分行的年度审计应当包括以下内容：财务报告、风险管理、营运控制、合规经营情况和资产质量等。

银保监会及其派出机构在必要时可以指定会计师事务所对外资银行营业性机构的经营状况、财务状况、风险状况、内部控制制度及执行情况等进行审计。

自银保监会批准外商独资银行、中外合资银行解散或者外国银行、外商独资银行、中外合资银行关闭在中国境内分行的决定生效之日起，被批准解散、关闭的机构应当立即停止经营活动，交回金融许可证，并在15日内成立清算组。

清算组成员包括行长（总经理）、会计主管、中国注册会计师以及银保监会指定的其他人员。外商独资银行、中外合资银行清算组还应当包括股东代表和董事长。清算组成员应当报经银保监会或所在地银保监会派出机构同意。

复习思考题

1. 简述商业银行外部审计的必要性。
2. 如何对外部审计进行质量控制？